KB265500

말로 할 수 없을 때 **꽃을 들어 보여라**

말로 할 수 없을 때

꽃을 들어 보여라

초역 · 금하광덕 / 엮은이 · 송암지원 / 펴낸이 · 김인현 / 펴낸 곳 · 도서출판 도피안사
2006년 8월 10일 1판 1쇄 인쇄 / 2006년 8월 25일 1판 1쇄 발행
책임편집 · 이상옥 / 디자인 · 박경미 / 영업 · 혜국 정필수 / 관리 · 혜관 박성근/
인쇄 및 제본 · 동양인쇄(주)
등록 · 2000년 8월 19일(제19-52호) / 주소 · 경기도 안성시 죽산면 용설리 1178-1
전화 · 031-676-8700 / 팩시밀리 · 031-676-8704 / E-mail · dopiansa@kornet.net

眞理生命은 깨달음〔自覺覺他〕에 의해서만 그 모습〔覺行圓滿〕이 드러나므로
도서출판 도피안사는 '독서는 깨달음을 얻는 또 하나의 길' 이라는 믿음으로 책을 펴냅니다.

꽃을 들어 보여라

拈華示衆

金河光德 大禪師 抄譯

松庵至元 編纂

DOPIANSA
到彼岸社

이 책은 금하당 광덕대선사(金河堂光德大禪師)의
대각구국구세사상(大覺救國救世思想)을 원만성취하기 위한 지침서로
대선사(大禪師) 원적(圓寂) 7주기(週期)를 맞이하여 발간합니다.

_일러두기

- 이 책은 불교의 경전을 독자들의 이해를 돕기 위해 유형을 만들어 엮었습니다. 휴대용 판형인
  관계로 불교용어에 대한 설명을 자세하게 달지 못했습니다. 다만 문장의 흐름에 대한 이해가
  필요한 곳에만 약간의 설명과 풀이를 부쳤습니다.

- 정확하게 경전의 이름을 밝히지 못한 것은 불경(佛經)이나 불전(佛典)으로 표기했습니다. 불
  경은 부처님 말씀을 뜻하고 불전은 불교의 모든 전적을 뜻합니다. (이점 양해를 구하며, 혹시 독자
  들께서 출전을 알면 그 전거를 알려 주시면 고맙겠습니다. 엮은이 010 6396-8182)

- 꽃사진은 한택식물원 이택주 원장님께서 제공해 주셨습니다.

말로써 다 못한 마음, 서원으로 공양하오니 —
그래도 못다 한 뜻 다시 꽃에 담아 내보이네

이진두(李鎭斗) | 불교신문 논설위원

이 책은 금하당광덕대선사(金河堂光德大禪師)께서 생전에 팔만대장
경을 열람하시면서 불자나 일반인에게 요긴한 말씀을 뽑아내어
우리말로 옮겨 놓은 것을 상좌, 송암당(松蓭堂) 지원(至元)스님이
정리한 내용을 담고 있다.
지원스님은 은법사(恩法師)이신 광덕 큰스님께서 뽑아 놓은 경전
의 말씀을 모두 10장으로 분류했다. 또한 각 장(章)마다 중간제
목을 부쳐 필요할 때 쉽게 찾아 활용토록 엮었다.
편자는 스승의 원고가 세월 속에서 분삭되었거나 프린트 과정
에서 탈락된 것을, 스승의 저술과 경전의 원문을 찾아서 복구시
켰다. 이 일련의 작업은 많은 시간과 줄기찬 노력을 필요로 하
는 일이었다.

사실 팔만대장경은 방대하여 누구나 다 읽기는 어렵다. 그래서 큰스님이 몸소 대장경 가운데서 현대인의 가슴을 적시는 구절을 가려 뽑아 호법월보(護法月報)에 실어, 후학이나 신도들이 읽도록 자비를 베푸신 이 대작불사(大作佛事)에 더할 수 없는 감사한 마음과 수희(隨喜)를 갖게 된다.

이 책은 불교를 알고자 하는 사람들에게는 신심을 증장시켜 줄 것이고, 웬만큼 공부한 수행자들에게는 자신의 목표와 방향을 다시 한 번 비추어 보게 하여 초심을 일깨움으로써 가일층 정진하리라 믿는다.

또한 생활의 지혜를 얻으려 하거나 고통과 번민에서 벗어나 위안과 바른 길을 얻고자 하는 사람들에게도 도움이 될 것이다.

특히 글을 쓰는 이나 설법하는 이들은 때때로 부처님 말씀을 인용하고 싶긴 하나 어느 경전 어느 구절에 본인이 원하는 말씀이 있는지 찾기 어려울 경우가 허다하다. 이들에게도 이 책의 활용이 시간과 노력을 아껴주는 역할을 할 것이다.

정작 이 책을 세상에 내놓는 참뜻은 제목에서 찾을 수 있다. 이 책과 유사한 내용의 책들이 시중에 더러 있다. 그러나 이 책의

출간 의의는 그 표제인 '말로 할 수 없을 때, 꽃을 들어 보여라'
에 있다 하겠다.

부처님께서 영축산에 계실 때 호법신장(護法神將)인 범천왕(梵天王)
이 꽃 한 송이를 바치며 설법을 청했다. 부처님은 아무 말씀 없이
그 꽃을 들어 대중에게 보였다. 그러자 아무도 그 뜻을 알지 못했
는데, 가섭존자만이 부처님의 마음을 알고 미소를 지었다.
부처님도 미소를 지으며 이렇게 설하셨다.
"내게 정법안장 열반묘심(正法眼藏涅槃妙心 : 미묘한 진리)이 있으니 이
를 마하가섭에게 전하노라."

이른바 염화시중(拈華示衆 : 꽃을 들어 대중에게 보이다)의 미소요, 이심전심
(以心傳心 : 마음에서 마음으로 전한다)의 비법이란 말이 여기서 연유한다.
이에 독자들은 이 책의 표제를 부처님의 뜻을 담은 염화시중에
서 따온 데 대해 그 뜻을 헤아려야 할 것이다.
진리를 설파(說破)하는 데는 언어나 문자로는 표현의 한계를 느
끼지 않을 수 없다. 말로써 할 수 있는 데까지 이르고서도 미처
못다 전한 뜻이 남기 때문이다. 그래서 부처님도 한 송이 꽃을

든 것이리라.

사실 일상생활에서도 말로 설명할 수 있는 것은 한계가 있고 겉껍데기에 불과하다. 그러나 속알맹이는 말로 온전하게 표현할 수 없다 해도 마음으로 주고받아 충분히 알아차릴 수 있다. 하물며 법에 있어서이랴!

독자들은 한 송이 꽃을 들어 보인 뜻을 스스로 증득함으로써 큰스님이 가려 뽑은 글들을 비로소 바로 알 뿐 아니라, 스승의 뜻을 받들기에 고심을 거듭하여 표제를 정한 제자의 심려에 공감하게 되리라.

부처님 말씀을 읽고 이해하는 데 그치지 않고 말씀에 담긴 부처님의 마음을 깨달을 때 진정 이 책을 읽었다 할 것이다.

이 책을 처음 발원한 한양대 김응화 선생은 큰스님을 공경한 나머지 지난 여름방학 때, 온갖 어려움을 무릅쓰고 설역고원(雪城高原)인 티베트 수미산까지 가서 세존이 꽃을 들어 보인 뜻과 속환사바를 구했다니 참으로 그 정성이 놀랍다.

또한 한택식물원 이택주 선생은 발문과 꽃 사진을 제공하였고, 강정화 선생은 꽃사진을 살폈고, 이상옥 선생은 신심으로, 박경미 선생은 정성으로, 그리고 금산 태고사 정안스님, 현진거사 박홍우 불자, 박원자 선생과 김영매 선생 그 밖의 여러 선연(善緣)들이 큰스님의 불사에 동참하여 부처님의 뜻을 드러내는 일을 함께 하였으니, 각기 역할은 달랐지만 모두가 큰 스님을 모시고 부처님 꽃동산을 가꾼 뜻깊은 일이 되었다.
어렵게 펴낸 이 책을 독자들이 성불의 징검다리로 삼기 바란다.
나무 마하반야바라밀다.

불기 2549(2005)년 초겨울 경남 양산에서
큰스님을 기리며
원기(圓機) 이진두(李鎭斗) 합장

_3장 부처님을 진실로 알고 싶은가

_4장 마음

_5장 배움

1장

사랑·가정

절굿대 / 국화과 / Echinops setifer Iljin

1. 아내의 길 - 일곱 가지 아내

_1. 어느 때, 부처님께서 '옥야'에게 말씀하셨다. "세상에는 일곱 종류의 아내가 있느니라. 어머니 같은 아내, 누이 같은 아내, 선지식 같은 아내, 아내 같은 아내, 종 같은 아내, 원수 같은 아내. 목숨을 뺏는 아내이니라.

첫째, 어머니 같은 아내란 가장(家長)을 사랑하고 생각하는 것이 마치 어머니가 아들을 생각하듯 하는 것이요.

둘째, 누이 같은 아내란 가장을 형제같이 생각하여 골육지친(骨肉之親)과 조금도 다름없이 애지중지하는 것이요.

셋째, 선지식 같은 아내란 가장에게 바른 말로 그릇됨을 간하여 존경하는 것이 어진 벗과 같이 하는 것이다.

넷째, 아내 같은 아내란 은애(恩愛)가 깊어서 몸은 다르지만 마음이 같아서 안팎을 잘 다스려 가도가 점점 풍족해지며 손님 접대를 잘하여 명예가 나게 하는 것이요.

다섯째, 종 같은 아내란 마음에 항상 가장을 두려워하여 입에 나쁜 말을 내지 못하고 방일하지 않아서 마치 종이 상전을 섬기듯 꾸지람이 내려도 대꾸하지 않고, 고락에 두 마음이 없으며 의식에.좋고 나쁜 것을 가리지 않는 것이다.

여섯째, 원수 같은. 아내란 가장을 보면 즐거워하지 않고 항상 불평을 부리고 주야로 갈라서기를 원하며 생활도 돌보지 않고 자녀양육에 공을 들이지 않으며 음란한 행위를 하면서도 부끄러움이 없고 가장을 어서 죽으라고 저주하는 것이다.

일곱째, 목숨을 뺏는 아내란 주야로 독한 마음을 품고 독약을 먹이자니 남이 알까 두렵고, 죽기만 하면 개가하기를 원하여 다른 남자와 정을 통하며 다른 사람을 시켜 가장을 죽이든지 혹은 정부를 시켜 죽이게 하는 것이니라.

그 가운데 앞의 다섯 종류의 착한 아내는 항상 그 이름을 널리 떨치고 여러 사람들이 사랑하고 공경하여 일가친척들이 함께 칭송하게 되지만. 뒤의 두 종류의 악독한 아내는 항상 비난을 받고 몸과 마음이 편치 못해 늘 앓게 되며, 눈을 감으면 악몽으로 두려워 떨고 자주 횡액을 당하며 죽은 뒤에는 삼악도에 떨어져 헤어날 기약이 없게 되느니라.”

부처님의 이와 같은 말씀을 듣고 ‘옥야’는 눈물을 흘리며 부처님 앞에서 자기 허물을 뉘우쳤다.

"제 마음은 어리석고 교만하여 아내로서 몽매한 짓을 했습니다. 이제부터는 지나간 잘못을 고쳐서 교만을 부리지 않고 종과 같은 아내가 되어 시부모와 남편을 받들어 섬기겠습니다."
옥야경

* 가정은 가족의 마음과 마음이 가장 가깝게 만나서 함께 머무는 장소다. 그러므로 화목하면 아름다운 꽃동산이 되지만, 불화하면 가족이 상처를 입는다. 그래서 가족 구성원은 스스로 자기 마음을 잘 지켜서 바른 길, 공경하는 길, 화목의 길을 가야 한다.

2. 진정한 효(孝)

<u>2</u>. 부모님의 은혜

부모님의 크신 은혜, 산보다 무겁고 바다보다 넓고 깊다. 한량없는 그 은혜는 심히 갚기 어렵다.

백 년 동안 밤낮으로 향수로써 목욕시키고 좋은 음식으로 받들어서 온갖 효도 다 한다 해도 부모님의 그 크신 은혜는 다 갚을 수가 없다.

부모님을 받들어서 임금자리에 오르게 해도 크신 은덕은 다 갚을 수가 없고, 몸으로 만족하고 환경으로 넉넉하고 이 세상의 온갖 영화를 마음껏 누리게 해 드린다 해도 역시 그 크신 은혜는 다 갚을 수가 없다.

그렇다면 어떻게 부모님의 은혜를 갚을 수가 있을 것인가?

부모님이 오로지 부처님 법을 믿어서 그른 길 버리고, 바른 도에 들게 하며 탐심을 버려서 기쁜 마음으로 보시를 하게 인도하면 비로소 큰 은혜를 갚게 되는 것이다. 그러므로 부모님을 받들어 공경하는 집은 부처님이 그 집안에 계시는 것과 같다. 육방예경

3. 진정한 우정(友情)

_3. 좋은 친구

친구를 사귈 때는 잘 살펴보아야 한다.

탐심 많은 사람, 거짓말하는 사람, 낭비하는 사람이 아닌가를 살펴보아야 한다.

참된 친구는 참되게 서로 돕고, 고난을 서로 함께 하고, 바른 말로 서로 진실을 깨우치고, 깊은 자비심으로 서로 곁에 있다. 또 벗을 참되게 돕고 뒤에서 걱정하고, 어려울 때 도우며 비밀을 지켜 주고 서로 바른 길로 인도한다. 아함경

* 사람은 누구나 참된 벗을 얻으면 행복하다. 또한 스스로도 참된 벗이 되도록 힘써야 한다. 참된 벗은 착한 마음에 바른 행을 닦으므로 세상에 밝은 빛을 준다.

4. 사람의 여섯 가지 근본 도리

_4. 부처님은 어느 날 아침, 강가에서 동서남북 사방과 상하의 이방을 더한 육방에 절하는 청년을 만났다. 그는 다만 아버지의 유언에 따라 매일 아침 육방에 절을 하고 있을 뿐, 아무 뜻도 모른 채 그저 집안에 재난이 없기만을 바랄 뿐이었다.

부처님께서는 그 청년에게 다음과 같은 법을 설하시고 바른 진리로 육방을 향하여 예경할 것을 가르치셨다.

육방을 지키자면 먼저 네 가지 때 묻은 행[惡行]을 버리고, 네 가지 나쁜 마음[惡心]을 멈추며, 집안이나 재산을 그르치는 여섯 문[六門]을 막아야 한다.

네 가지 때 묻은 행이란 살생과 도적질과 삿[邪]된 애욕과 거짓이고, 네 가지 나쁜 마음이란 탐심과 성냄과 어리석음과 두려움이다.

집안을 그르치고 재산을 없애는 여섯 문이란 술을 마셔 부실하게 사는 것과 밤늦도록 놀러 다니는 것과 놀이에 탐닉하는 것과 도박에 빠지는 것과 나쁜 벗과 사귀는 것과 자기 업무를 게을리 하는 것이다.

이 네 가지 나쁜 행을 버리고 네 가지 악심을 멀리하며 집안과 재산을 그르치는 여섯 문을 막은 연후에 육방에 예배하여야 한다.

참된 육방이란 무엇일까?

동(東)은 부모와 자녀의 길이요, 남(南)은 스승과 제자의 길이며, 서(西)는 부부의 길이고, 북(北)은 우인(友人)의 길이고, 하(下)는 위아래 사람의 길이고, 상(上)은 진리의 가르침을 받는 자의 길이다.

먼저 동방의 부모와 자녀의 길을 지킨다고 하는 것은, 자식은 부모에 대하여 다섯 가지를 받든다. 부모를 섬기고 가업을 거들며 가계(家系)를 존중하고 유산을 지키며 부모 사후에 성심껏 공양하는 것이다.

이에 대하여 부모는 자녀에 대하여 다섯 가지를 힘쓴다. 악을 멀리 하게 하고 선을 권하며 교육을 베풀고, 때에 맞춰 결혼시키며 적기에 집안을 상속시키는 것이다.

이처럼 서로가 다섯 가지를 지키면 가정은 평화하여 번창하고 재난과 풍파가 없다.

남방의 스승과 제자의 길이란 무엇일까?

제자는 스승에 대하여 자리에서 일어나 맞이하고 잘 섬기며, 순직하게 가르침을 지키고 공양을 게을리 하지 않고 삼가 경건하고 진지하게 가르침을 받는다.

또한 스승은 제자에 대하여 스스로 몸을 바르게 하여 제자를 바르게 하며, 스스로 배운 것을 모두 바르게 전해 주며 바르게 설명하고 바르게 가르쳐 제자의 이름이 드러나게 하고 모든 일에서 제자를 항상 수호할 것을 잊지 않는다.

이렇게 하여 스승과 제자의 사이가 잘 지켜져 평화롭게 된다.

서방의 부부의 길이란?

남편은 아내에게 존경과 예절과 신뢰와 정조로써 대하고 가사를 맡기며 때에 따라 선물을 준다.

아내는 가사를 잘 정돈하고 사용인에게 적절하게 대하고 정조를 지키며 남편의 수입을 낭비하지 않고 가정을 잘 보살피고 다듬어 간다.

이로써 부부의 사이는 화목하고 다툼이 일어나지 않는다.

북방의 우인(友人)의 길이란 무엇일까?

상대방이 부족한 것을 채워주며 자비한 말로 대하고 그의 이익을 도모해 주며 항상 상대편 입장이 되어 생각해 주는 것이다. 그리고 친구가 나쁜 길에 빠져들지 않도록 지켜주며 만약 친구가 잘못된 길에 빠졌을 때는 그를 건져주고 재산을 보호해 주며, 근심걱정이 있을 때는 의논 상대가 되고 불행을 만났을 때는 도움의 손길을 펴고, 또한 필요한 때에는 그의 처자와 가족을 돌봐주는 것이다.

이와 같이 하여 우인의 사이는 아름답게 지켜지고 서로가 행복해진다.

하방의 주인과 고용인의 길이란 무엇일까?

주인은 고용인에 대하여 다음 다섯 가지를 지켜야 한다.

첫째는 그의 힘에 맞도록 일을 주며, 둘째는 마땅한 보수를 지급하고, 셋째는 병이 났을 때는 친절하게 돌봐주고, 넷째는 귀한 물건을 나눠주며, 다섯째는 때때로 휴양을 시키는 것이다.

이에 대하여 고용인은 주인에 대하여 다음의 다섯 가지를 힘써야 한다.

아침에 주인보다 일찍 일어나 일을 살피고, 저녁에는 주인보다 늦게 휴식에 든다. 모든 일에 정직을 지키고 맡은 일에는 숙련되게 잘 해내고, 그리고 주인의 명예를 다치지 않도록 마음을 쓴다.

이와 같이 할 때 주인과 고용인 사이는 항상 평화가 지켜지는 것이다.

상방의 진리의 가르침을 믿는 자의 길이란 무엇일까?

위없는 가르침을 믿고 배우는 사람은 모든 일상의 가정사에 부처님의 가르침이 함께 있어야 한다. 그리고 가르침을 받는 사람으로서 스승에 대하여 몸도 말도 뜻도 항상 정성스럽고 공경심이 가득하여야 하며 정중히 스승을 맞이하고 가르침을 듣고는 지키고 공양하고 섬겨야 한다.

이에 대하여 부처님의 법문을 가르치는 스승은 법문을 잘 이해시키고 악한 일을 멀리 하게 하며 착한 일을 권하고 진리를 말하여 배우는 사람으로 하여금 평안한 깨달음의 경지에 들도록 하여야 한다.

이와 같이 하여 불법을 배우는 사람의 가정이 부처님 법문을 중심으로 성장하도록 이끌어 주어야 한다.

연꽃 / 수련과 / Nelumbo nucifera Gaertn

육방에 절하고 예배한다는 것은 여섯 방향에 무조건 예배하여 재난을 피하고자 하는 것이 아니다. 사람으로서 여섯 가지의 도리[방향]를 잘 알아서 그 방향의 바른 길을 지켜 가는 것이니, 그러할 때 안으로부터 일어나는 모든 재난을 미리 막을 수 있게 되는 것이다. 육방예경

* 재앙이 자신 안에서 일어나는 것을 모르고, 자신 밖의 동쪽이나 서쪽에서 오는 것으로 아는 것은 매우 어리석은 일이다. 안의 마음을 닦지 않고 밖을 지키는 것, 또한 어리석은 일이다. 아침 일찍 일어나 세수하고 동서남북과 상하의 육방에 예배하여 재앙을 막고 하루의 안전과 행운을 비는 것은 세간에서는 흔히 하는 일이지만 불교는 그렇지 않다. 불교는 오직 바른 생각과 진리로 육방을 향하여 예경하고 현명한 덕을 행하여 재앙을 막는 것이다.

5. 네 부류의 사람

_5. 부처님께서 말씀하셨다.

"세상에는 네 종류의 사람들이 있다. 첫째는 어두운 곳에서 어두운 곳으로 가는 사람, 둘째는 어두운 곳에서 밝은 곳으로 가는 사람, 셋째는 밝은 곳에서 어두운 곳으로 가는 사람, 넷째는 밝은 곳에서 밝은 곳으로 가는 사람이다.

첫째, 어두운 곳에서 어두운 곳으로 가는 사람이란?
금생에서 몸도 마음도 어려운 환경에 처하여 부처님을 믿지 않으며, 마음은 천하고 베풀 줄 모르며, 삿된 소견에 빠져 악한 행을 행하여 후세에도 괴로운 세계로 가는 사람이다.

둘째, 어두운 곳에서 밝은 곳으로 가는 사람이란?
이 세상에서 몸은 비록 가난하지만 부처님을 믿고, 마음은 고결하고, 보시를 즐기며, 맑은 행을 쌓아 후세에는 괴로움이 없는 세계에 태어나는 사람이다.

셋째, 밝은 곳에서 어두운 곳으로 가는 사람이란?

이 세상에서는 부자로 영화를 누리면서도 부처님을 믿지 아니하고, 마음은 천하고 베풀 줄을 모르며, 삿된 말에 물들어 나쁜 행을 하여 후세에 괴로운 세계에 태어나는 사람이다.

넷째, 밝은 곳에서 밝은 곳으로 가는 사람이란?

이 세상에서 몸도 마음도 넉넉하고 번영하며 부처님을 믿고, 뜻은 높으며 보시를 즐기고 맑은 행을 쌓아 후세에 괴로움이 없는 세계에 태어나는 사람이다." 불경

6. 무엇이 영원하랴

_6. 부처님께서 말씀하셨다.

"사람들은 서로 존경하고 사랑하며 베풀어야 한다. 그런데도 자그마한 이해 때문에 쉽게 미워하고 다툰다. 그뿐만 아니라 그 다투는 마음이 한 번 생기면 쉽게 풀리지 아니하여 오래오래 맺혀 있고, 그것이 후세에 이르러서 더욱 심한 미움과 원한이 되는 것을 알지 못한다.

이 세상의 다툼은 처음에는 좀 해치는 일이 있어도 파멸에 이르지는 않지만 독한 마음을 품고 성난 마음을 쌓으며 분심(忿心)을 마음에 두고 새기게 되면 마침내 먼 미래세까지도 서로 원수 갚음을 하게 된다.

사람은 애착하고 집착하는 이 세간에 혼자 태어나 혼자 죽고, 혼자 와서 혼자 간다. 미래의 과보는 아무도 대신 받아 주는 자 없고 오직 자기 스스로 받아야 한다.

선과 악은 과보가 달라서 선에는 행복이, 악에는 불행이 따르는 것은 너무나 엄숙한 인과의 도리이다. 제각기 지은 바 업을 지고 그 정해진 과보대로 가고야 마는 것이다.

그러므로 사람들은 세간의 명리에 치우친 생활을 반성하며 건강할 때 진리의 길을 찾고 인생의 진실한 뜻을 깨달아야 한다.

진리와 함께 하는 영원한 삶의 길을 외면하고 다시 어디에 믿을 것이 있겠으며 무슨 즐거운 것이 있으랴!

이러함에도 사람들은 선을 행하면 복을 얻고, 진리를 행하면 덕을 얻는 것을 믿지 않는다. 또한 사후에도 다시 생이 있다는 것을 생각하거나 알지 못할 뿐만 아니라 인과의 필연적인 도리를 믿으려 하지 않는다.

다만 그릇된 생각을 집착하여 진리의 길을 등진 채, 마음이 어두워 길흉화복이 생기는 원인을 모르며, 다만 일어난 결과만을 두고 울고 또는 괴로워한다.

이 세간의 어떤 것도 영원한 것은 없다. 모든 것은 바뀐다.

사람들은 괴롭고 아픈 것은 알아도. 바른 가르침은 모른다. 바른 가르침을 듣지 않고 깊이 생각하는 바가 없으므로 다만 눈앞에 닥친 욕망에 빠져 그것을 탐착하여 마지 않는다.

그러므로 모름지기 깊이 생각하여 힘써 닦아야 한다.

세간적인 영화의 봄날은 오래 가지 아니하고 서로는 마침내 헤어져야 한다. 이처럼 세간의 즐거움이란 믿을 것이 못된다. 이제 다행히 불법을 만났으니 모름지기 법을 믿고 깨달음의 나라를 이룰 것을 발원하여야 한다.

　사람들은 머나먼 예부터 미혹의 세계를 돌고 돌며 근심과 괴로움에 빠져 지내온 것은 이루 말로 다할 수 없다. 그 미혹은 오늘도 다하지 않고 있다. 그런데 이제 성스러운 불법을 만났으니 이 어찌 다행한 일이 아니겠는가!

　마땅히 마음을 안으로 거두고 몸을 바르게 하여 마음의 흐림과 어지러움을 제하고 말과 행에 진실을 담아 상응하며 스스로를 건지며 또한 남을 구하도록 힘써야 한다." 무량수경

7. 물에 쓴 글자와 같은 사람

_7. 세상에는 세 종류의 사람이 있다.

돌에 새긴 글자와 같은 사람, 모래에 쓴 글자와 같은 사람, 물에 쓴 글자와 같은 사람이다.

돌에 새긴 글자와 같은 사람이란 자주 화를 내고 노여움이 오래 가며 화나 노여움이 돌에 새긴 것처럼 지워지지 않는 사람이다.

모래에 쓴 글자와 같은 사람이란 자주 화를 내기는 하지만 그 노여움이 모래에 쓴 글자처럼 바람이 불면 곧 지워지는 사람이다.

물에 쓴 글자와 같은 사람이란 물 위에 글자를 쓰면 글자의 형상을 이루지 않는 것처럼 사람들이 자기를 나쁘게 말하거나 헐뜯는 말을 해도 조금도 마음에 남겨둠이 없이 넓고 온화한 마음이 가득한 사람이다. 불경

* 나는 어떤 종류의 사람인가? 또 물 위에 쓴 글자와 같은 마음의 사람은 어떻게 해서 가능한가? 그것은. 모든 사람은 착한 사람이라고 깊이 믿고 존경하는 예경행을 닦거나 일심으로 염송 · 염불해서 이루는 것이다. 일심으로 염하면 부동심(不動心)이 나타나기 때문이다.

꽃창포 / 붓꽃과 / Iris ensata var. spontanea (Makino) Nakai

2장

믿음과 공덕

금낭화 / 양귀비과 / Dicentra spectabilis (L.) Lem

8. 믿음이 으뜸가는 보배

_8. 믿음은 대하(大河), 복덕은 기슭에 비유할 만하다.

강물은 열(熱)·목마름·때(垢) 같은 것을 없애 주는 힘을 발휘한다. 선법(善法) 중의 믿음도 그러하다.

능히 삼독(三毒)의 열을 없애며 악행의 때를 씻어 내며 삼유(三有)의 목마름을 풀어준다.

바른 가르침을 믿으면 이것이 최고의 복이다. 법구경

* 삼독(三毒) : 열반에 이르는 데 장애가 되는 가장 근본적인 세 가지 번뇌. 탐욕(貪欲)과 진에(瞋恚)와 우치(愚癡), 곧 탐내어 그칠 줄 모르는 욕심과 노여움과 어리석음을 말한다.
* 삼유(三有) : 중생의 세 가지 생존 상태.
  ① 욕유(欲有)- 탐욕이 들끓는 욕계의 생존.
  ② 색유(色有)- 탐욕에서는 벗어났으나 아직 형상에 얽매여 있는 색계의 생존.
  ③ 무색유(無色有)- 형상의 속박에서도 벗어난 무색계의 생존.

_9. 마땅히 다섯 가지 도리를 믿어야 할 것이 있으니,

첫째는 부처님을 믿음이요, 둘째는 그 가르침을 믿음이요, 셋

째는 계(戒)를 믿음이요, 넷째는 경(經)을 믿음이요, 다섯째는 선지식(善知識)을 믿음이다.

이 다섯 가지를 믿으면 도(道)를 얻게 된다. 삼혜경

_10. 능히 중생에게 진리를 밝히셨으므로 먼저 부처님을 믿는다. 열반의 성(城)에 이르게 하므로 다음에는 가르침(法)을 믿는다. 좋은 반려(伴侶)와 같으므로 다음에는 승(僧)을 믿는다. 근본과 같으므로 다음에는 계(戒)를 믿는다.

지혜가 있어도 청정한 믿음이 없으면 지조를 잃게 된다. 이런 지조를 굳게 하는 까닭에 믿음이 으뜸이라 한 것이다.

만약 내 제자가 믿음으로써 담을 삼는다면 능히 악한 외적의 침입을 막고 선법을 수행할 수 있을 것이다.

여러 재물 중 믿음이 제일가는 재물이다. 부처님의 가르침을 굳게 믿는 사람(信向)은 다 해탈하게 된다.

임금은 국경 지대의 성에 요새를 만들 때 지반을 굳게 다져 무너뜨리지 못하게 함으로써 안으로는 나라를 편안케 하고 밖으로는 적군을 막는다.

이처럼 불자가 여래를 굳게 믿어 신근(信根)이 확립되면 끝내 다른 사문(沙門) · 범지(梵志) · 악마 및 악세간(惡世間)을 따르지

않게 된다. 이것을 믿음성[信城]의 망루라 하며 악을 제거하고
온갖 선을 닦는 일이라고 한다. 중아함경

_11. 믿음은 부처님의 아들이다.
그러므로 지혜로운 사람은 마땅히 믿음을 가까이 해야 한다.
대보적경

_12. 신심은 씨요, 고행은 단비[甘雨]니라. 잡아함경

_13. 온갖 공덕은 믿음에서 우러난다.
그러기에 보물 중에서 믿음이 으뜸 보물이다. 대장엄경

_14. 보살이 마음을 일으켜 보리를 구하고자 하면 기연이 없
지 않다. 불·법·승, 삼보를 청정한 마음으로 굳게 믿으면 이
로 말미암아 광대한 이타심이 생기게 마련이다. 화엄경

_15. 의심 많은 사람은 세간·출세간의 일에 무엇 하나도 이
루지 못한다.
가르침을 의심하면 배울 수 없으며, 스승을 의심하면 공경하

여 따르지 못하며, 스스로 의심하면 배울 때가 없다.

이 세 가지 의심은 수행에 가장 큰 장애가 된다. 그러므로 심성을 순수하고 꿋꿋하게 지니며, 결정심(決定心)을 일으켜 배우는 사람은 이 세 가지, 가르침·스승·자기를 의심치 아니한다. 성실론

9. 보리심을 발한 사람

_16. 세존께서 바라문에게 이르셨다.

"내가 이제 큰 이익에 대해서 설하리니, 그대는 마땅히 잘 들어라. 사람이 능히 보리심을 일으키면 양족존(兩足尊 : 부처님의 다른 이름)이 될 수 있는 바, 이것을 큰 이익이라고 부른다.

그 보다는 못해도 전륜왕의 자리는 아주 존귀해서, 사대주(四大洲)를 통치하여 자재하다. 만약 전륜왕이 되고자 하면 마땅히 보리심을 일으켜야 한다.

또 제석천의 뛰어난 복보(福報)로 말하면 삼십삼천(三十三天) 중에 자재하다. 만약 제석천이 되고자 하면 마땅히 보리심을 일으켜야 한다.

또 세상에 있는 대의왕(大醫王)은 온갖 병을 두루 고칠 수 있다. 만약 대의왕이 되고자 하면 마땅히 보리심을 일으켜야 한다.

또 대광명(大光明)이 되어 세상에 나타나면 온갖 어둠을 다 밝게 비칠 수 있다. 만약 대광명이 되고자 하면 마땅히 보리심을 일으켜야 한다.

번뇌 따위 여러 장애와 기타의 온갖 불선법(不善法)을 제거하
고자 하면 마땅히 보리심을 일으켜야 한다.

무명(無明)을 조복하고 온갖 애망을 끊어 벗어나고자 하면, 마
땅히 보리심을 일으켜야 한다.

부처님께서 세상에 나타나사 대법륜을 굴리셔서 널리 중생을
교화하시나니, 만약 중생이 있어서 법문을 청하여 듣기〔聽受〕를
원한다면 마땅히 보리심을 일으켜야 한다." 발보리심경

_17. 믿음은 도(道)의 근본이요 공덕의 어머니다. 그러기에 믿
음은 온갖 선법(善法)을 길이 기르며, 모든 의심〔疑網〕을 영원히
끊고 애착〔愛流〕에서 벗어나 열반의 무상도(無上道)를 드러낸다.
화엄경

_18. 선남자여, 사람은 두 종류가 있으니 믿는 자와 믿지 않
는 자이니라. 보살은 마땅히 알라. 믿는 자는 곧 선(善)이요, 믿
지 않는 자는 선이라 할 수 없음을. 열반경

_19. 착한 벗을 가까이 하면 신심을 얻는다. 이 신심은 베풂〔施〕과 그 과(果)를 믿음이며, 선과 그 과를 믿음이며, 악과 그 과를 믿음이며, 생사의 괴로움이 무상하여 생사를 소멸하는 데서 오는 즐거움을 믿음이다.

이것을 믿음이라 한다. 이 신심을 얻으므로 정계(淨戒)를 닦으며 보시를 늘 즐기며 지혜를 바르게 수행할 수 있게 된다. 열반경

_20. 믿음은 제근(諸根)을 청정하게 한다. 믿음의 힘은 견고하여 무엇으로도 파괴치 못한다. 믿음은 능히 번뇌의 뿌리를 송두리째 뽑아 버린다. 믿음은 능히 부처님의 공덕만을 지향하여 나아간다. 화엄경

_21. 사람은 손이 있기에 보배 산〔寶山〕 중에 들어가 마음대로 보배를 취할 수 있다. 믿음이 있는 사람도 이러하다. 믿음으로 인해 불법 중에 들어가 마음대로 티 없이 맑은 보배를 취하게 된다. 불경

10. 믿음의 공덕

_22. 믿음에는 열 가지 뜻이 있다. 무엇이 열 가지 뜻인가?

첫째는 정화하는 뜻이니, 심성을 청정 · 명백하게 하기 때문이다.

둘째는 결정하는 뜻이니, 심성을 순수 · 견고하게 하는 까닭이다.

셋째는 환희의 뜻이니, 온갖 근심과 걱정〔憂惱〕을 제거하는 까닭이다.

넷째는 싫증이 없는 뜻이니, 해태심(懈怠心)을 없애는 까닭이다.

다섯째는 수희(隨喜)의 뜻이니, 남의 보살행에 동조하는 마음을 내는 까닭이다.

여섯째는 존중의 뜻이니, 온갖 덕 있는 사람을 가벼이 보지 않는 까닭이다.

일곱째는 수순의 뜻이니, 본 바 배운 바를 따라서 그르침이 없는 까닭이다.

여덟째는 찬탄의 뜻이니, 남의 보살행을 따라 진심으로 찬탄하는 까닭이다.

개연꽃 / 수련과 / Nuphar japonicum DC

아홉째는 불괴(不壞)의 뜻이니, 마음을 오로지 하여 잊지 않는 까닭이다.

열째는 애요(愛樂)의 뜻이니, 자비심을 성취하는 까닭이다. 석마하연론

_23. 믿음은 능히 참고 견딤〔安忍〕의 실천을 나타내 보인다. 믿음은 더럽혀지는 일이 없어서 마음이 청정하며, 아만의 뿌리를 제거한다. 믿음은 능히 온갖 것을 희사(喜捨)하고 불법에 들어간다. 믿음은 지혜의 공덕을 낳아 부처님의 설법을 배우고 익혀 진리에 통달한다. 믿음은 청정·예리하여 번뇌의 뿌리를 깊이 끊는다. 믿음은 능히 여러 악마의 경지를 뛰어넘어 최상의 해탈도(解脫道)를 내보인다. 믿음은 파괴됨이 없는 공덕의 씨가 되어 보리(菩提)의 싹을 키운다. 대승보살학론

_24. 믿음은 최상의 수레라 정각(正覺)을 실어 온다. 그러기에 지혜로운 자는 믿음을 가까이 한다. 만약 사람에게 신근(信根)이 없다면 온갖 법이 생겨날 수가 없다. 마치 불에 그을린 곡식의 씨로부터 싹이나 줄기가 나오지 않는 것과 같다. 십법경

_25. 세존께서 아난에게 이르셨다.

"어부는 고기를 잡기 위해 큰못에 낚싯밥을 던져 고기가 먹게 한다. 고기가 이것을 삼키기만 하면 제 아무리 물 속 깊이 있다 해도 곧 나오지 않을 수 없게 된다. 왜 그런가? 고기는 낚싯줄에 걸리고 낚싯줄은 기슭의 나무에 매어져 있으므로 어부가 그곳에 나타나 고기가 걸린 것을 알고 낚싯줄을 잡아당겨 기슭으로 끌어올리기 때문이다.

이처럼 온갖 중생이 부처님들 계신 곳에 나타나 경건한 믿음을 일으켜 여러 선근(善根)을 심고 보시를 닦든가, 내지는 발심하여 일념(一念)의 믿음이라도 얻는다면 비록 악업이 방해가 되어 지옥·축생·아귀 등 여러 난처(難處)에 떨어져 있을지라도 모든 부처님께서 불안(佛眼)으로 이 중생의 신심, 선근을 살피시어, 난처에서 빼내어 열반의 기슭에 올려놓으신다." 대비경

11. 인과(因果)에 대한 말씀

_26. "불자여, 사대(四大)로 이루어져 다같이 '아(我)'와 '아소(我所)'가 없는 터인데, 어찌하여 어떤 사람은 괴로움을 받고, 어떤 사람은 즐거움을 받으며, 어떤 사람은 단정하고, 어떤 사람은 추악하며, 어떤 사람은 현세에서 과보를 받고, 어떤 사람은 후세에 과보를 받는 것입니까?"

보수보살이 대답하였다.

"그 행위에 따라 과보의 차이가 생기는 것입니다. 비유하자면. 맑은 거울이 대하는 사물의 모양을 따라 비추는 모습이 각기 다른 것과 같습니다. 업성(業性)도 이러해서 밭에 뿌려진 씨가 저절로 싹이 트는 거와 같습니다." 불경

_27. 모든 중생은 번뇌로 지어진 업에 의하여 그 몸과 사는 세계를 스스로 만들어간다. 제 몸과 사는 세계와 받아들여지는 것을 스스로 이루는 것이 업을 제쳐놓고 다른 무엇이 그렇게 하는 것은 아니다. 화엄경

_28. 온갖 중생이 받는 고락(苦樂)의 과보가 모두 현세의 업 때
문인 것은 아니며, 그 원인이 과거세에도 있음을 알아야 한다.
그러므로 현재 인(因)을 짓지 않는다면 미래에 받을 과(果)도 없
는 것이다. 선악의 과보는 그림자가 형체를 따르는 거와 같다.
삼세의 인과가 없어지는 일이 없으니 이 생을 헛되이 보낸다면
후회해도 소용없느니라. 열반경

_29. 묵은 인연으로 인하여 이제 그 과보를 받는 것〔宿因今果〕
이 털끝만큼도 어김이 없어서 인(因) 때문에 과(果)를 받게 되는
것이니, 과는 그 인과 같게 마련이다. 이에 똑똑히 마음에 새겨
여러 의심을 제거해야 한다. 선악의 업보란 거짓이 없으며 그
형세가 사나운 물살 같아 멈추지 못한다.

 업력 때문에 보(報)를 각기 불러들이는 것이니 복인(福因)을 스
스로 지으면 낙과(樂果)를 받게 된다.

 백천 겁을 지내도 업은 파괴되지 않아서 인연이 결합하는 때
가 되면 과보를 반드시 받게 되느니라. 정행소집경

_30. 요사스러운 사람도 복을 만난다. 그 악이 익지 않을 때
까지는, 그러나 그 악이 익음에 이르러서는 스스로 죄를 받아

야 한다.

상서로운 사람도 재앙을 만난다. 그 선(善)이 익을 때까지는, 그러나 그 선이 익음에 이르러서는 반드시 복을 받게 된다. 법구경

31. 전세에 지은 인(因)을 알고자 하는가, 금세에서 받고 있는 과(果)가 이것이다.

후세에 받을 과(果)를 알고자 하는가, 금생에서 짓는 인(因)이 이것이다. 인과경

32. 그 수행이 날로 진보하여 심오한 경지에 이르며, 큰 깨달음에 뜻을 세움은 보시의 보(報)다.

초인적인 힘이 생겨 마음이 늘 고요하여 두려운 것도 없고 어려움[難]이 없음은 지계(持戒)의 보다.

부드러운 마음이 화평한 곳에 이르면 인욕의 보다.

수행이 완전하여 공포를 일으키지 않으면 정진의 보다.

좋은 꽃과 같이 유연하고 편안하며 마음이 전일(全一)하여 미혹되지 않음은 선정의 보다.

그 몸가짐에 비방을 안 들으며 온갖 보살행을 길이 길러 줄지

않게 함은 지혜의 보다. 현겁경

_33. 선악의 과보는 그림자가 형태를 따르는 것과 같다. 그리하여 삼세(三世)의 인과가 휘돌아 없어지는 일이 없으니, 이 생(生)을 헛되이 보낸다면 후회해도 소용이 없으리라. 열반경

_34. 아비가 불선(不善)의 업을 짓는데도 자식이 대신해 그 과보를 받지 못하고, 아들이 불선의 업을 짓는데도 아비가 대신해 그 과보를 받지 못한다.

선이 있는 곳 스스로 복을 얻고, 악이 있는 곳 스스로 재앙을 얻는 것뿐이다. 니원경

_35. 일체 중생들이 지은 행위는 백 겁을 지나도 없어지지 아니하여 인연이 결합되는 때에 가서는 응당 과보를 스스로 받아야 하느니라. 광명동자인연경

섬초롱꽃 / 초롱꽃과 / Campanula takesimana Nakai

12. 청법(聽法)하는 공덕

_36. 만일 불법의 한 구절 한 게송이라도 듣고 기뻐한다면 삼천대천세계에 가득 찬 엄청난 수의 보배를 얻은 것보다도 월등하게 낫다.

왜냐하면 한 구절의 가르침이 능히 정등각(正等覺)을 이끌어내며 보살행을 정화시키고, 기뻐함은 온갖 존귀한 지위를 얻음보다 낫기 때문이다.

설혹 어떤 사람이 이르되, "선남자여, 내가 부처님이 설하신 한 구절의 가르침을 지니고 있는 바, 능히 정등각을 이끌어내고 보살행을 정화시킬 수 있으니, 그대가 듣고 싶은가?

그대가 이제 몸을 큰 불구덩이 속에 던져 그 고통을 받는다면 마땅히 그대를 위해 가르침을 설해 주리라" 한다고 할 때, 보살은 이를 듣고 기뻐하여, "내가 만일 당신이 앞서 말한 바와 같은 가르침의 한 구절 내용을 들을 수 있다고 하면, 설령 불구덩이의 크기가 삼천대천세계와 같고 타오르는 불길이 그 안에 가득한데도 나는 바로 뛰어들겠거늘, 하물며 조그만 불구덩이겠는가?

불법을 구하기 위해서라면 지옥이라도 그곳에 오래 있으면서 크나큰 고통을 감수할 것이니, 어찌 그 밖의 사소한 고통이야 사양하겠는가?"라고, 대답할 것이다.

37. 가르침을 듣는 사람은 설법하는 사람을 대할 때, 의왕(醫王)을 대하는 것으로 생각해야 하며, 자기를 고통에서 건져줄 것으로 생각해야 하며, 가르침에 대하여는 그것이 감로인 듯, 제호(醍醐)인 듯 생각해야 한다.

또 설법하는 사람은 청중을 대함에 그들에게 수승한 이해[勝解]를 키워주고 병을 고쳐주려는 생각을 지녀야 한다.

설하는 사람과 듣는 사람이 이같이 마음을 쓴다면 모두가 불법을 계승해 일으켜서 어느 때나 부처님 앞에 태어나게 될 것이다. 불경

38. 법을 들은 공덕은 생사에서 벗어나는 으뜸가는 힘이 된다. 배는 강물을 건네주듯, 지혜는 생사를 건네준다.

그러므로 가르침을 늘 들어서 부처님께서 말씀으로 나타내신 진리를 마땅히 따르도록 해야 한다.

만약 보리를 구하여 중생을 이롭게 하는 경우, 중생 중에서

으뜸가는 사람임에 틀림없다. 이에 비길 바가 없으리니, 하물며 그 위가 따로 있겠는가.

그러므로 이 여러 가지 가르침을 듣고 늘 법을 즐기는〔樂法〕마음을 일으킨다면, 끝없는 복의 무더기를 얻으며, 최고의 도를 조속히 깨닫게 되리라.

부처님께서 아난과 위제희에게 이르셨다.

"어떤 중생이, 여러 악행을 저지르고 부끄러워함이 없다 해도 임종 때 선지식이 그를 위해 대승 12부 경의 제목을 찬탄하면. 이런 여러 경의 이름을 들은 것이 원인이 되어 천겁에 지은 무거운 악행도 제거되느니라." 대집경

13. 염불하는 공덕

_39. 정반왕(淨飯王)이 부처님께 여쭈었다.

"염불의 공덕은 그 모양이 어떻습니까?"

부처님께서 부왕(父王)에게 말씀하셨다.

"40유순 평방이나 되는 이란[독한 냄새가 나는 나무]숲 속에 한 그루의 전단향목이 있다 할 때, 그 싹이 흙에서 아직 나오지 않았다면 이란 숲은 악취로 가득하여 향기라곤 없을 것이고, 이란 꽃이나 열매를 먹는 자는 발광한 끝에 죽고 말 것입니다.

그러나 후일에 전단 싹이 점점 자라나 의젓한 나무를 이루면 향기가 대단해서 마침내 이란 숲을 일변시켜 온통 향기롭게 함으로써 보는 사람은 누구나 놀라운 마음을 금치 못하게 될 것입니다.

온갖 중생이 윤회 속에 있으면서 염불하는 마음도 이와 같으오니, 오로지 계념(繫念)하여 그치지 않는다면 필시 부처님 앞에 태어나고, 한 번 왕생하고 나면 모든 악을 고쳐 대자비를 이룸이 저 전단 향목(香木)이 이란 숲을 고치는 것과 같사오리다."

관불삼매경

_40. 미란다왕이 나선비구에게 물었다.

"세상에 있으면서 백 년이나 악을 행한 사람이라도 임종 때 염불하면, 죽은 후 천상에 태어난다고 하셨습니다만. 나는 그 말씀을 믿지 않습니다. 또한 살생을 하면 죽어서 지옥에 떨어진다고 하셨습니다마는 저는 그것도 믿어지지 않습니다."

나선비구가 왕에게 물었다.

"한 개의 조약돌을 물 위에 놓으면 뜨겠습니까? 가라앉겠습니까?"

"물론, 가라앉습니다."

"그러면 백 개의 암석을 가져다가 배 위에 놓는 경우, 그 배가 가라앉겠습니까. 가라앉지 않겠습니까?"

"가라앉지 않습니다."

"배에 실린 백 개의 암석이 배로 말미암아 가라앉지 않듯이, 사람이 대악(大惡)을 지었다 해도 지성염불하면, 그 공덕에 의해 지옥에 떨어지지 않고 천상에 태어날 것이니, 어찌 믿을 일이 못 되겠습니까?

또 작은 돌도 가라앉는다 함은, 사람이 악을 범하고 불경의 가르침을 모르면 죽어서 지옥에 떨어지는 비유니, 이 어찌 믿을 것이 못 된다 하겠습니까?"

왕이 밝은 얼굴로 말했다.

"그렇군요. 정말 그렇군요." 나선비구경

_41. 부처님의 가르침에는 무수한 문이 있다.

마치 세상의 길에 험난한 길. 쉬운 길이 있듯이, 또 육로를 따라 걷기는 어려워도 수로를 따라 배로 가면 쉬운 것같이, 보살의 길에도 근행정진(勤行精進)이 있는가 하면, 이행도(易行道)를 통하여 불퇴위(不退位)에 속히 이르는 길이 있다.

만약 쉬운 길로 가고 싶거든 마땅히 공경의 마음으로 부처님의 이름을 불러 받들어야 한다. 십주비바사론

_42. 지극한 마음〔至心〕을 지니고 단정히 앉아 바르게 닦으며〔端座正修〕 부처님을 관한다면, 이 사람의 마음은 바로 불심과 같아져 부처님과 조금도 다를 바가 없게 된다.

그러므로 비록 번뇌 속에 있을지라도 여러 악에 가리우는 바가 되지 아니하며, 내세에 큰 가르침의 비〔法雨〕를 내리게 할 수 있을 것이다. 관불경

14. 삼보(三寶)에 귀의하는 공덕

_43. 일체 중생은 각기 이런 생각을 해야 한다.

'누가 능히 나의 귀의처(歸依處)가 되어 근심을 없애고 안락을 얻게 할 것인가? 삼계(三界)의 다섯 갈래 길〔五道〕을 두루 찾아보건만 귀의처가 없다. 왜냐하면 저 모든 하늘〔諸天〕들까지도 나고 죽음을 면치 못하고, 번뇌에 얽매인 끝에 삼계의 무량무변한 고통 속을 윤회하여 탐욕의 그물에 결박됨으로써 두려움을 안고 있기 때문이다.

하물며 기타의 것들이야 말할 것이 있으랴! 아무리 둘러보아도 나를 구해줄 이가 없음이 분명하니, 그러므로 응당 불·법·승 삼보에 귀의해야 하겠다.'

실로 그러하다. 불·법·승을 제쳐놓고는 능히 나를 구해줄 이가 다시 없으니, 일체 중생 가운데 아녹다라삼먁삼보리를 구하는 사람은 마땅히 불·법·승 삼보에 귀의해야 하는 것이다.

육바라밀다경

_44. 선남자야, 마음을 돌려 무엇을 위해 복을 닦고자 할 진

대 오직 세 가지 길이 있으니, 불보(佛寶) · 법보(法寶) · 승보(僧寶)
이다.

스님들을 공양하면 그 복이 백 배로 늘어날 것이요, 가르침을
공양하면 그 복이 천 배, 부처님을 공양하면 그 복이 만 배가
될 것이다. 이것이 불 · 법 · 승 삼보에 귀의하는 무한의 복이
다. 대교왕경

_45. 사람들이 바라는 것에 무릇 세 가지가 있으니, 건강 · 안
온 · 장수가 그것이다.

또 바라지 않는 세 가지 적(敵)이 있으니 늙음은 건강의 적이
요, 질병은 안온의 적이며, 죽음은 장수의 적이다.

이러한 피치 못할 고통에서 벗어나는 방법에도 세 가지가 있
으니, 부처님께 귀명(歸命)하고 가르침에 귀명하며 스님들께 귀
의하는 일이다. 십이인연경

_46. 중생이 능히 스스로 삼보에 귀의하는 경우, 소원을 이루
지 못함이 없고 천인(天人)의 공양하는 바가 되며, 마침내 깨달
음을 얻어 영겁에 걸쳐 복을 받는다.

만약 사람이 의지하는 바가 없는 것은 나무에 뿌리가 없는

큰개별꽃 / 석죽과 / Pseudostellaria palibiniana (Takeda) Ohwi

것과 같다. 그러나 의지하는 삼보가 있기만 하다면 무슨 일인들 이루지 못하랴.

_47. 보살은 응당 노여움을 일으키지 말고 항상 마음을 집중하여 부처님을 생각하고 가르침을 생각하며 스님들을 생각해야 한다.

왜냐하면 이 목숨을 바쳐 귀의하는 공덕의 힘으로 한량없는 착한 뿌리〔善根〕를 성취하게 되고, 또 중생으로 하여금 모두 부처님을 생각하고 가르침을 생각하며 스님들을 생각하게 할 수 있을 것이기 때문이다. 누구든 이렇게 생각할 때에 깨달음을 얻게 된다. 하물며 내가 어느 중생에게는 호의를 베풀어 도(道)로 끌어들이고, 어느 중생에게는 박하게 대하여 배척하는 일이 있겠는가? 다만 불·법·승 삼보를 생각하지 않는다면, 늘 성내고 노여워하는 악행에 얽매이게 될 것이다.

그러므로 보살이 온갖 성냄의 업행(業行)을 멀리 떠나 인욕바라밀다를 행하고자 할 때는 마땅히 불·법·승 삼보를 먼저 생각해야 하니, 이 삼보의 힘은 온갖 중생들이 모두 인욕바라밀다를 수행하게 하는 것이다. 보살장정법경

15. 동쪽으로 기울어진 나무는

_48.　부처님〔佛寶〕과 부처님의 가르침인 교법〔法寶〕과 부처님 가르침을 실답게 수행하는 승가〔僧寶〕를 삼보(三寶), 즉 이 세상에서 가장 귀한 세 가지 보배라 한다.

왜냐하면 모든 사람들이 이 불법승, 삼보를 인연하여 생사윤회에서 벗어나 위없는 대도를 성취하기 때문이다. 그러므로 삼보에 귀의한 사람을 불교도라 하고 불자라고 한다. 불전

_49.　불교를 숭신(崇信)하는 사람은 계율과 신앙과 보시와 지혜의 덕을 지니고 있다.

산목숨 죽이지 아니하고, 훔치지 아니하며, 삿된 애욕을 범하지 않고, 거짓을 말하지 않고, 술을 마시지 않는다.

이 다섯 가지를 지키는 것이 불교신도의 기본적 계율생활이고, 부처님의 지혜와 대자대비와 걸림 없는 위신력을 믿는 것이 불교신도의 믿음이고 보시의 삶이며 덕행이다. 불전

_50.　탐심과 인색한 마음을 여의고 항상 이웃에게 베푸는 것

이 신도의 보시덕행이다. 재물 없이도 보시하는 일곱 가지가 있다.

첫째는 신시(身施)인데, 육체의 노력으로 봉사하는 것이며, 그 중 가장 큰 것이 사신행(捨身行)이다.

둘째는 심시(心施)인데, 다른 사람이나 다른 사물에 대하여 자비심으로 대하는 것이다.

셋째는 안시(眼施)인데, 따뜻한 눈길로 대하며 함께 있는 모든 사람과 화목한 것이다.

넷째는 화안시(和顔施)인데, 부드럽고 평화한 밝은 얼굴을 항상 지니고 사람을 대하는 것이다.

다섯째는 언시(言施)인데, 자비심으로 따뜻한 말과 친절한 태도로 대하는 것이다.

여섯째는 상좌시(床座施)인데, 자기의 앉을 자리를 양보하는 것이다.

일곱째는 방사시(房舍施)인데, 나의 집에서 하룻밤이라도 쉬고 갈 수 있도록 돕는 것이다.

이와 같이 보시는 반드시 재물로만 행하는 것이 아니라 먼저 자비한 마음이 앞서야 행해진다.

불자는 사람과 세간의 온갖 사물이 인연따라 이루어지고 인연따라 흩어지는 도리를 믿으며 모든 사물은 멈춰 있지 않고 항상 변화하는 것을 알아야 한다. 이것이 불자의 지혜다. 불전

_51. 동쪽으로 기울어져 있는 나무는 언젠가는 동쪽으로 넘어지는 것처럼, 평생 부처님의 가르침에 귀를 기울이고 두터운 신심을 가꾼 사람은 언제 어떻게 세간을 떠나더라도 불국토에 태어나는 것이 결정된 사람이다. 불경

_52. 똑같이 도를 닦아도 먼저 깨달은 사람도 있고 늦게 깨닫는 사람도 있다. 그러므로 다른 사람이 도를 성취한 것을 보고 자기는 아직 얻지 못한 것을 슬퍼할 것 없다. 활을 쏘더라도 처음에는 잘 맞추지 못하지만 계속하여 힘써 연습하면 마침내는 백발백중이 된다. 또 흐르는 물이 잠시도 흐름을 멈추지 않을 때 마침내 바다로 들어가는 것처럼. 믿음을 내어 도를 닦는 사람이 중단하지만 않으면 반드시 깨닫게 된다. 불경

* 사람들은 잠깐의 정성과 노력으로 큰 소망을 바란다. 그러나 수행자는 모름지기 바른 믿음. 바른 목표와 중단 없는 수행정진을 소중하게 할 일이지 결코 결과에 미리 마음을 빼앗겨서는 안 된다. 오직 하루 하루의 성실한 수행만이 깨달음의 광명을 퍼뜨리는 것을 믿는다.

범부채 / 붓꽃과 / Belamcanda chinensis (L.) DC

16. 부처님과 가까운 사람

_53. 신심을 설명하면 대략 네 가지가 있다,

첫째는 근본〔眞如〕을 믿음이니, 진여법을 즐겨 생각하기 때문이다.

둘째는 부처님에게 무량한 공덕이 있음을 믿음이니, 항상 마음에 새겨 생각하고 가까이 하여 공양하고 공경하며 선근(善根)을 일으켜 일체지(一切智)를 구하기 때문이다.

셋째는 법, 가르침에 큰 이익이 있음을 믿음이니, 온갖 바라밀다를 항상 마음에 두어 수행하기 때문이다.

넷째는 승, 승가는 능히 바르게 자리이타(自利利他)를 수행함을 믿음이니, 여러 보살들을 항상 가까이 하여 여실한 수행을 배우고자 하기 때문이다. 기신론

_54. 보살은 온갖 사물이 공함을 믿으며, 그 무상을 믿으며, 그 무원(無願)을 믿으며, 그 의거할 바 없음을 믿으며, 그 헤아릴 수 없음을 믿으며, 그 유상(有上) 없음을 믿으며, 그 초월할 수 없음을 믿으며, 그 무생(無生)을 믿어야 한다. 불경

_55. 선남자·선여인아, 내가 열반에 든 뒤에 어떤 중생이 법복(法服)을 걸치고 이양(利養)을 탐한다든가, 도심(道心)을 거짓으로 일으켜 정법을 손상하여 청정한 마음이 없다면 이 사람은 삼보(三寶)를 믿는다고 할 수 없으니, 비록 나의 대중 속에 있다 해도 나와의 관계는 아주 멀다고 해야 한다.

이와는 달리 선남자·선여인이 집착 없는 행위를 함으로써 비록 보살의 지위에 있지 않더라도, 마음이 견고해 도심(道心)을 버리지 않으면, 설사 백천만 유순 밖에 있다 해도 나와 아주 가까우니라.

믿음에 두 가지가 있으니, 첫째는 가르침을 들어서 일으키는 믿음이요, 둘째는 스스로 가르침을 생각해서 일으키는 믿음이다.

만약 사람의 신심이 가르침을 들어서 생겼을 뿐 스스로 생각함이 없는 경우, 이것을 온전치 못한 절름발이 믿음이라고 말한다. 불경

17. 불성(佛性)을 보라

_56. 사람은 누구나 본래부터 불성을 갖추고 있는데, 어찌하여 부귀빈천의 차별이 있거나 또는 살생하거나 속이는 등의 궂은 일이 일어나는 것일까.

그것은 비유를 들어 말하면 궁정에서 일하는 어떤 역사(力士)가 자신의 미간을 자그마한 금강주로 장식하고 씨름을 했다. 씨름하던 중에 상대가 이마를 탁 쳐서 그만 금강주가 살 속에 박혀서 부스럼이 되었다.

역사는 금강주를 잃은 것으로 알고 있었는데, 한편 그 상처를 치료하기 위해 의사에게 갔다. 의사는 단번에 그 부스럼이 살 안에 박힌 구슬 때문인 것을 알고, 거울을 들고 얼굴에 비추어 거울 속에 구슬이 비추어지도록 하여 그것을 역사에게 보였다.

사람들의 불성도 이와 같아서 훌륭한 선지식을 가까이 하지 않으면 불성이 있는 것을 알지 못한다.

이처럼 불성은 있어도 탐심과 성냄과 어리석음에 덮이고, 업보에 결박되어 제각기 다른 미혹된 환경을 만나는 것이다.

역사가 의사에 의하여 밝은 거울 속에서 금강주를 본 것처럼 사람들도 부처님의 지혜에 의하여 번뇌를 넘어서 불성을 보게 된다.

_57. 털 빛깔이 혹은 검고, 혹은 희고, 혹은 붉어서 이와 같이 빛깔을 달리한 젖소에서도 젖을 짜면 모두 같은 흰 젖이 나오는 것처럼, 환경이 다르고 생활이 다른 여러 종류의 사람들과 그들의 업보가 각기 다른데도 상관없이 같은 불성을 갖추고 있다.

또 설산에 귀한 약이 있는데 깊은 숲속에 묻혀 아는 사람이 없었다. 옛날에 어떤 지혜 있는 사람이 향기를 맡으며 약을 찾아 캐서 통에 모았으나 그 사람은 그만 산중에서 죽었다. 약은 그대로였으나 세월이 감에 따라 변화하여 맛을 달리했다.

불성도 번뇌의 숲에 덮혀 사람들이 좀처럼 쉽게 보지 못한다. 이제 여래가 숲을 열어 불성을 보인다. 불성은 한 맛이지만 번뇌 때문에 여러 가지 다른 맛을 내고 사람들은 각기 다른 생애를 받는다.

_58. 모래나 잔돌을 부술 수는 있으나 금강석은 부수지 못한다. 불성은 금강석과 같아 부술 수가 없다. 범부들의 마음은 모래나 잔돌이고 불성은 금강석이다.

불성은 참으로 대장부의 상이다. 세간에 남녀의 차별은 있어
도 불법에는 남녀의 차별을 세우지 않고 똑같이 불성을 지녔으
로 존귀하다.

금광석을 제련하여 귀한 황금이 된다. 이처럼 범부의 거친 마
음을 녹여 번뇌의 찌꺼기를 버리면 어떤 사람도 차별 없이 평
등하게 불성을 열어 나타낼 수 있다. 불경

3장

부처님을
진실로 알고 싶은가

각시붓꽃 / 붓꽃과 / Iris rossii Baker var. rossii

18. 돌아온 궁자(窮子)

_59. 깨달음의 언덕에 서신 부처님은 미혹의 바다에 빠져 있는 중생들을 건지시고자 대비심으로 몸소 미혹의 바다에 들어가시어 구원의 손길을 펴신다. 옛날에 한 장자가 있었는데, 그에게는 외아들이 있었다.

그 외아들은 일찍이 아버지 곁을 떠나 거지신세가 되어 정처 없이 헤맸다. 아버지는 아들의 행방을 찾고자 온갖 노력을 하였지만 찾을 길이 없었다.

그렇게 애태우던 중, 어느덧 수십 년의 세월이 지나 거지가 된 아들이 아버지가 사는 마을인 줄도 모르고 찾아 들었다.

밥을 빌러 장자의 문전에 선 거지가 자신의 아들인 줄을 단박에 안 아버지인 장자는 하인을 시켜 아들을 데려 오게 하였다.

그러나 아들은 속임수라도 당할까 겁을 내어 장자의 집으로 가려 하지 않았다.

아버지는 어쩔 수 없이 방편을 썼다. 사람을 내세워 후한 품삯을 줄 터이니 집에 와서 일을 하라고 달랬다.

아들은 그 제안에 이끌려 드디어 품삯을 받는 일꾼이 되었다.

장자는 자기 집인 줄도 모르고 일만 하고 있는 아들에게 차츰 지위를 높여주어 마침내는 금은보화가 가득한 창고를 관리하게 하였다. 그래도 아들은 여전히 장자가 자기의 아버지인 줄 몰랐고 그 집이 자신의 집인 줄도 모르고 지냈다.

아버지는 아들이 순직(純直)한 것을 기뻐하며, 한편 자신의 목숨이 얼마 남지 않은 것을 알고 하루는 큰 잔치를 열었다. 친족과 친구와 많은 이웃이 모여 있는 자리에서 장자는 말했다.

"여러분이시여, 이 사람은 나의 아들입니다. 오랫동안 찾아 헤매던 그 아들입니다. 이제부터 나의 전 재산은 이 아들의 것입니다."

아들은 놀래면서 기뻐 뛰며 말하였다.

"저는 오랫동안 괴롭게 헤매다가 이제 아버지를 찾았을 뿐만 아니라 생각지도 않았던 많은 재보를 얻었습니다." 법화경

* 여기서 장자는 부처님, 미혹한 아들은 중생을 말한다. 부처님은 모든 중생을 친아들로서 가르치고 인도하고 깨달음의 보물〔無價寶〕로 거두신다. 모든 중생을 자신의 아들로 보신 부처님의 대비심은 누구에게나 차별이 없으시다. 그러나 사람들의 성질에 따라 구원하시는 방편에는 차이가 있다. 마치 하늘에서 내리는 비는 한 가지이지만 초목에 따라 각기 다른 은혜를 얻는 거와 같다.
부모는 여러 자녀라도 사랑하는 마음에는 차이가 없다. 그러나 병든 자녀가

있으면 부모의 마음은 그에게 더 끌리듯이 부처님의 대자비심도 모든 중생에게 평등하지만 특히 무거운 죄를 진 사람이나 어리석어 괴로워하는 자에게 사랑하심은 더 간절하시다.

태양이 동쪽 하늘에 솟아올라 어둠을 없애고 만물을 키우는 것처럼 부처님도 세간에 오시어 악을 없애고 선을 키우며 지혜의 빛으로 무지의 어둠을 없애고 깨달음을 얻게 하신다. 부처님은 자비하신 아버지이시고 자식과 함께 아파하시는 어머니이시다. 모든 중생에 대한 자비심은 한정이 없다. 저들 중생들은 오직 부처님의 자비에서 구원을 받는다. 저들 중생 모두는 불자(佛子)다.

19. 부처님을 보는 사람

_60. 겉모습으로 부처님을 찾고자 해서는 안 된다. 형상은 부처님이 아니기 때문이다. 참된 부처님은 깨달음 그 자체이다. 그러므로 오직 깨달음을 이룬 자나 믿는 자만 참으로 부처님을 보게 된다.

만약 세간의 어떤 뛰어난 상호를 본 뒤, 부처님을 보았다고 한다면 그것은 무지의 눈이 본 허물이다. 부처님의 참된 모습을 세간의 상호로는 볼 수 없기 때문이다. 아무리 뛰어난 묘사로도 부처님을 알게 할 수는 없고, 또 어떤 교묘한 말로도 부처님의 참 모습은 표현하지 못한다.

부처님의 참된 모습이라고 말하지만 형상이 따로 있는 것은 아니다. 부처님에게는 형상이 없다. 그러나 부처님의 불가사의 위신력으로 중생을 구제하기 위해서는 마음대로 묘한 상호를 나투신다.

그러므로 밝게 보고 그 형상에 사로잡히지만 않는다면 그 사람은 자재한 힘을 얻어서 부처님을 보게 된다. 화엄경

_61. 부처님의 몸은 깨달음이므로 항상 어디에나 머물러 있고 시간이 지나도 허물어지지 않는다. 음식을 먹어 보존하는 육체가 아니고 지혜로 이루어진 금강의 몸이므로 두려움도 없고 병도 없으므로 영원불변이다. 열반경

_62. 부처님은 영원히 멸하지 않는다. 깨달음〔진리〕이 멸함이 없으므로 부처님은 멸하지 않는 것이다.

깨달음이 지혜의 빛으로 나타나고 이 빛이 사람들을 깨닫게 하고 또한 불국(佛國)에 나게 한다.

이 도리를 깨달은 자가 불자(佛子)가 되어 부처님의 가르침을 지켜 후세에 전한다. 그러므로 부처님의 위신력은 불가사의다. 화엄경

_63. 부처님에게는 세 가지 몸이 있다. 법신(法身)·보신(報身)·응신(應身)이다.

법신이란, 법 자체를 몸으로 한 것이다. 참된 도리와 그것을 깨달은 지혜가 하나로 된, 법 자체이다. 법 자체가 부처님이므로 부처님은 빛깔도 없고 형상도 없다. 오는 것도 없고 가는

것도 없다. 오는 것도 없고 가는 것도 없으므로 충만하지 않은 곳이 없어 허공이 온 누리에 두루한 것과 같다. 사람들이 생각하기 때문에 있는 것이 아니고, 사람들이 잊음으로 해서 없는 것도 아니고, 사람들이 기뻐해서 오는 것도 아니고, 사람들이 게으를 때 가는 것도 아니다.

부처님은 사람들의 마음과 온갖 움직임을 넘어서 존재한다. 그래서 부처님의 몸은 온 세계에 가득하고 어느 곳에나 두루하며 사람들의 생각 여하에 상관없이 영원히 머무신다.

보신이란, 형상이 없는 법신불이 중생들의 괴로움을 건지시고자 짐짓 형상을 나투어 원을 세우시고 행을 쌓으시며 이름을 보이시며 내지 온갖 방편을 베푸시어 제도하시는 부처님이시다. 이 부처님은 대비를 근본으로 하고 여러 가지 수단으로 한없는 중생의 모든 번뇌를 털어 내어 제도하신다.

응신이란, 부처님은 중생의 구제를 완전하게 하시고자 그 사람들의 성질에 따라 그들이 처한 세간에 모습을 나타내시어 탄생·출가·성도를 보이시며 온갖 방편을 베풀어 중생들을 인도하시고, 내지 병과 죽음을 보이시어 중생들을 일깨워주는 부처님이시다.

　부처님의 몸은 원래 하나의 법신이지만 사람들의 성질이 각각 다르므로 부처님의 몸도 여러 가지 모습으로 나타내신다. 그러나 사람들이 구하는 마음이나 행위나 그 능력에 따라 그들이 보게 되는 부처님의 형상은 각각 다르다. 그렇다고 하더라도 부처님은 하나의 진실을 보일 뿐이다. 비록 부처님의 몸을 셋으로 나누고 있지만 그것은 오직 한 가지 간절한 뜻을 이루기 위해서다. 그 한 가지란 말할 것도 없이 중생을 구하는 일이다.

　한없이 뛰어난 몸〔육신〕으로서 온갖 경계에 다 나타나더라도, 진실로 그 몸은 부처님이 아니다. 부처님은 육체가 아니기 때문이다. 다만 부처님은 깨달음을 몸으로 하여 온 누리에 가득하시다. 진실을 보는 사람 앞에만 부처님은 항상 나타나신다.
금광명경

20. 불난 집의 아들들과 그 아버지

_64. 사리불이여 어떤 나라의 한 마을에 큰 장자가 있었는데 나이는 늙었으나 재물이 한량없고 가옥과 시중드는 사람들이 많았느니라. 그 집은 매우 크건마는 문은 하나뿐이고 많은 식구가 그 안에 함께 살고 있었다. 오래 살다보니 집은 낡고 담장은 퇴락하고 대들보는 기울어져가고 있었다.

어느 날 사면에서 한꺼번에 불이 일어나 집이 활활 타고 있었는데 장자의 아들들은 불난 것도 모른 채 집안에서 마냥 놀고 있었다. 장자는 불이 타오르는 것을 보고 깜짝 놀라면서 이렇게 생각하였다.

'나는 비록 불붙는 집에서 무사히 나왔으나 내 아들들은 장난만 좋아하여 불이 나도 놀라지도 않고 장차 닥쳐올 무서운 불길의 고통도 모르고 있구나. 아들들이 지금 나오지 않으면 반드시 타버릴 것이니 내가 방편을 써서 아들들을 모두 구해 내리라.'

아버지는 아들들이 평소에 장난감을 좋아하였으니 그런 것을 보게 되면 반드시 좋아할 것이라 생각하고 이렇게 소릴 질렀다.

"너희들이 평소 갖고 싶어하던 장난감이 여기 있는데, 지금 나와서 갖지 아니하면 뒤에 반드시 후회하리라. 이렇게 좋은 양거(羊車)·녹거(鹿車)·우거(牛車)들이 대문 밖에 있으니 어서 집에서 나오너라. 내 너희에게 모두 주리라."

아들들은 매우 기뻐하면서 서로 밀치며 앞을 다투어 불타는 집에서 뛰쳐나왔다. 그때 장자는 아들들에게 똑같이 큰 수레를 나누어 주었다. 그 수레는 높고 클 뿐만 아니라 여러 가지 보배로 치장하여 꾸몄으며 흰 소가 끌었는데 빛깔이 깨끗하고 기운이 세어 바람같이 빨랐다. 그때 장자는 이렇게 생각하였다.

'나의 재물이 한량없으니 변변치 못한 이 작은 수레〔양거·녹거·우거〕를 아들들에게 줄 것이 아니다. 그리고 어느 아들을 치우쳐 사랑할 것이 아니며, 내게는 칠보로 꾸민 수레인 백우거(白牛車)가 수효를 알 수 없으니 마땅히 평등하게 골고루 나누어 줄 것이니라. 왜냐하면 내가 이것을 온 나라 사람들에게 골고루 나누어 주더라도 모자라지 아니할 것이어늘, 하물며 내 아들일까 보냐.'

이때에 모든 아들들이 각각 큰 수레를 타고 즐거워하였다.

"사리불이여, 너는 장자가 아들들에게 보배 수레를 준 것을 허망하다고 생각하느냐." "아니옵니다. 세존이시여, 장자가 처

음에 생각하기를 '내가 방편으로써 아들들을 불붙는 집에서 나
오게 하리라' 한 것이오니, 이제 화재를 면하고 목숨을 보존하
였으니 그것만으로도 허망함이 없을 것이온대, 하물며 한량없
는 값이 있는 큰 수레를 줌이오리까."

"옳다. 네 말과 같다. 사리불이여, 여래도 그와 같아서 모든
세간의 아버지로서 온갖 공포와 근심 걱정과 무명의 어둠을 영
원히 다하였으며, 한량없는 힘으로 두려움 없음을 성취하고,
방편바라밀다와 반야바라밀다와 대자대비를 구족하여 모든 중
생을 이롭게 하느니라.

중생들이 삼계의 낡고 썩은 불붙는 집에서 태어나, 생로병사
와 근심과 슬픔과 괴로움과 삼독의 불길에 빠져 있으므로 내가
이제 건져내어 그들을 교화하여 아뇩다라삼먁삼보리를 얻게
하느니라." 법화경

연꽃 / 수련과 / Nelumbo nucifera Gaertn

21. 죽어도 죽지 않는 분

_65. 여래는 모든 중생을 건지기 위하여 방편으로 열반상을 보이지만 실제는 멸도에 든 것이 아니다. 언제나 이 세상에 살아 계시며 법을 설하신다.

"내가 항상 살아서 여기 있지만 신통력으로서 미혹한 사람들은 보지 못하게 한다. 여래의 신력은 이와 같아서 기나긴 시간 동안 영축산이나 그 밖의 곳에 살아 있느니라."

이 세상이 불에 타 허물어져도 여래의 세계는 안온하여 항상 즐겁고 숲도 누각도 아름다우며 미묘한 음악은 어느 때나 울려 퍼지고 가지가지 꽃이 비 내리고 모든 사람들이 모두 함께 은덕을 입는다. 법화경

* 사람들은 석가모니 부처님은 가필라 왕궁에 태어나시어 가야의 숲에서 도를 닦으시고 비로소 위없는 깨달음을 얻었다고 생각하겠지만, 실제는 이미 부처님이 된 후 그 시간은 헤아릴 수 없는 많은 겁을 지냈다.
기나긴 세월 동안에 여래는 언제나 이 세상에 있으면서 사람들의 성질을 고루 살피고 어느 때나 버리지 않으며, 수없이 많은 방편을 베풀어 가르치고 키워준다. 여래가 설하신 가르침은 여러 가지가 있지만, 그 근본은 모두 중생들을 생사의 미혹에서 벗어나게 하는 것으로서 그 가르침에는 거짓이 없다. 분

명하게 이 세간의 모든 일을 다 알고 분명하게 사람들에게 바른 길을 가르쳐 주신다.

이 세간사는 진실인가 하면 진실이 아니고, 거짓인가 하면 거짓이 아니다. 그러므로 어리석은 사람은 이 세상의 진실을 알지 못한다. 여래는 분명하게 세간의 모습을 다 알고 있으므로 진실이라고도 하지 않고, 거짓이라고도 하지 않고, 그대로 좋다고도 하지 않으며, 그대로 나쁘다고도 하지 않는다.

다만 세상일을 사실대로 가리키는 것이다. 또한 세간의 일들을 그대로 받아들이지도 않고 거역하지도 않아 긍정과 부정의 둘을 넘어서, 사람들의 성질 · 행실 · 욕망에 따라서 다만 그의 선근(善根)을 키우기 위하여 여러 가지로 가르침을 설하신다.

_66. 여래는 다만 말씀으로만 가르침을 설할 뿐만 아니라 몸으로써 법을 설하신다. 그의 수명은 한이 없지만 끝없는 탐심에 빠진 사람들을 깨우쳐 건지기 위하여 방편으로 죽음을 보인다.

비유를 들면, 많은 아들을 가진 의사가 먼 곳으로 여행하는 동안에 아이들이 잘못하여 독약을 먹었다. 의사가 돌아와 그 광경을 보고 놀라 좋은 약을 만들어 주었지만 아이들 가운데 본심을 잃지 않은 자는 그 약을 먹어 병을 고칠 수 있었지만, 이미 본심을 잃은 자는 약을 먹으려 하지 않았다. 그래서 아버지는 또 방편을 베풀었다.

"나는 나이가 많아 언제 죽을지 모른다. 만약 내가 죽었다고

하거든 여기 두고 가는 약을 먹고 다들 건강하게 잘 지내도록
해라.”

　이렇게 말을 남기고 다시 여행의 길을 떠났는데 얼마 지나지
않아 인편에 그의 아버지가 돌아가셨다고 전한다. 아이들은 그
말을 듣고 크게 슬퍼하고,

　“아버지가 돌아가셨다. 우리는 고아가 됐다” 하고 탄식하며
슬퍼하였다.

　그때서야 아버지의 유언을 생각하고 그 약을 먹으니 병이 나
았다. 그랬더니 아버지가 다시 돌아온 거와 같았다. 법화경

* 누가 의사인 이 아버지의 거짓을 책망할 수 있겠는가? 세존도 또한 그와 같
아서 성불하신 이래 오늘날까지 한이 없는 시간을 지내는 동안 중생을 제도
하기 위해 거짓으로 이 세간에서 생(生)과 사(死)를 보인 것이다.

22. 중생의 아버지

_67. 여래는 모든 법의 왕이시므로 말씀하시는 것이 허망하지 아니하니라.

모든 법에 대하여 지혜의 방편으로 말씀하나니, 이 말씀하는 법은 모두 일체지(一切智) 경계에 이르느니라. 여래는 모든 중생이 행할 것을 미리 알아서 그들 중생에게 온갖 지혜를 다 보여 주느니라.

비유하면 대천세계의 산과 들에 초목과 약초의 종류가 많으니라. 여기에 큰비가 흡족하게 내리면 초목과 숲과 약초들의 잎새와 뿌리가 제각기 비를 받는데 같은 구름에서 내리는 비이지만 초목의 종류와 성질에 따라서 제각기 자라고 열매가 맺느니라.

여래도 그와 같아서 여래가 세상에 나오는 것은 큰 구름이 일어나는 거와 같고 큰 음성으로 널리 천(天)·인(人)·아수라 등에게 외치는 것은 구름이 세계를 두루 덮는 거와 같으니라. 그리고 대중 가운데서 말씀하시기를, "나는 여래, 응공(應供), 불세존(佛世尊)이니 제도되지 못한 자를 제도하고 이해하지 못한 자를 알게 하며 편안하지 못한 자를 편안케 하고 열반에 들지 못한 자를 열반에 들게 하리라.

금세와 후세를 사실대로 아나니 나는 모든 것을 아는 자며 모든 것을 보며, 도를 알며, 도를 열며, 도를 말하느니라. 이에 무수천만억 중생에게 근기를 맞추어 법을 설하여 환희케 하고 착한 공덕을 얻게 하느니라.

중생들이 법을 듣고는 이생에서는 편안하고 내생에서는 좋은 곳에 태어나서 도의 즐거움을 받고 법을 즐겨 들으며, 법을 듣고는 모든 장애를 여의고 모든 법 가운데에서 그의 능력과 노력에 따라 점점 도에 깊이 들어가게 되나니, 마치 저 큰 구름이 모든 초목과 숲과 약초에 비를 내리면 그 종류와 성질에 맞추어 각각 생장함과 같으니라.

여래의 말씀하는 법은 한 모양 한 맛이니 이른바 해탈하는 모양, 여의는 모양, 멸하는 모양으로서 필경에는 일체종지(一切種智)에 이르는 것이니라.

어떤 중생이 여래의 법을 듣고 읽고 외우거나 말한 대로 수행하면, 그가 얻는 공덕을 스스로는 다 알지 못하나니, 오직 여래가 중생들의 종류와 성품을 알아 무슨 일을 생각하고 무슨 일을 닦으며 무슨 법으로써 어떤 법을 얻는지, 중생이 여러 가지 처지에 있는 것을 실제로 보고 아느니라."

또한 비유를 들면, 어버이는 아무리 많은 자녀들이 있더라도 사랑스러움에는 차별이 없으나 그 중에 병든 아들이 있으면 어버이의 마음은 그 아들에게 특별히 더 끌린다.

여래도 모든 중생들을 아들로 보고 평등하게 사랑하지만 그 중에도 죄가 무거운 자, 어리석은 자에게는 깊은 사랑과 연민이 더 부어진다.

또 비유를 하면, 태양이 솟아올라 온갖 것을 키우는 것처럼, 여래는 세간에 나서 악을 멸하고 선을 키우며 빛과 따뜻함을 베풀어 어둠을 비추고 차갑게 식은 사람의 마음을 깨달음의 경지로 인도한다.

그러므로 여래는 자비하신 아버지며 연민히 보시는 어머니다. 어느 때나 중생을 떠나지 않고 중생을 위하여 온갖 힘을 기울이느니라. 법화경

구절초 / 국화과 / Dendranthema zawadskii var. latilobum (Maxim.) Kita

23. 무상도(無上道)를 이루시다

_68. 보살은 이와 같이 마음을 적정하게 하고, 이와 같이 마음을 청정하게 하여 때〔垢〕가 없고, 이와 같이 괴로움도 없고 유연하여 여러 가지 행을 할 수 있는 지극한 고요함을 얻었다.

그리고 '이것은 무명이라고 여실히 알고, 이것은 무명의 모음〔集〕, 이것은 무명의 멸(滅), 이것은 무명을 멸해 없애어 도(道)를 얻음이다' 라고 여실히 알아 모든 누(漏)를 멸해 없애어 남음이 없다.

이때에 보살은 마음이 욕루(欲漏)에서 해탈했고, 유루(有漏)에서 해탈했고, 무명루(無明漏)에서 해탈해서 혜해탈(慧解脫)을 하고, 혜해탈하고 나서는 '나의 생은 다했고, 범행(梵行)은 성립되었고, 지을 바는 다 마쳤고, 필경에 후세생(後世生)을 받지 않는다' 라고 알았다.

밤이 지나 새벽이 되어 샛별이 솟아오르려 할 때, 사위는 아직 고요하고 모든 중생은 깨어나지 않았는데, 이때에 세존은 아뇩다라삼막삼보리를 이루셨다.

세존이 지견(智見)을 얻었을 때, 세간의 범궁(梵宮)도 마궁(魔宮)도 하늘[天]도 사람[人]세계도 모두 크게 밝았다.

수목은 꽃과 과실을 맺고 익어 땅에 떨어졌다. 허공은 청정하여 티끌 없고 안개도 없는데 구름이 일어 단비를 뿌리고 시원한 바람을 일으켰다.

모든 하늘사람들이 풍악을 울리고 노래를 불렀으며 가지가지 하늘 꽃을 술술 비 내렸다. 다시 온갖 향이 하늘을 덮어 부처님 위에 흩어졌고, 땅에는 온갖 꽃과 향이 수북히 쌓였다.

그때, 대지는 크게 진동하고 모든 중생이 말할 수 없는 즐거움을 느꼈다.

육신의 괴로움도 성냄도 어리석음도 교만한 마음도 공포심도 사라졌고 허물을 짓지 아니하고 모든 마음의 괴로움도 다 사라졌다.

배고픈 중생은 배가 부르고, 휘둘린 생각에 빠진 중생은 본심을 찾았으며, 지옥 중생은 고뇌에서 벗어나고, 축생은 두려움을 잊고, 아귀는 배부름을 얻었다.

이때, 세존이 아뇩다라삼먁삼보리를 이루어서 이와 같이 사자후를 하였다.

“옛적에 지은 바 공덕으로 마음에 기약한 바 모두 이루었네.

저 선정심을 증득하고 열반의 언덕에 이르렀네.

욕계천의 주인인 마왕 파순도 나를 괴롭히지 못하고 그 권속들도 모두 귀의하니 복덕과 지혜력 때문이라.

만약 능히 용맹스럽게 정진하여 성스러운 지혜를 구하면 어렵지 않게 얻을 것이며 모든 괴로움을 없이 하고 온갖 죄를 멸하리라.” 불경

24. 깨달음이 부처님[法身佛]

_69. 깨달음을 부처님이라 한다. 대일경

* 깨달은 사람이 부처님이라는 사실은 매우 중요한 뜻을 갖고 있다.
첫째, 우리에게는 위대한 진리를 깨달아 필경 부처님이 될 수 있다는 것을 밝힌 것이며,
둘째, 모든 사람을 밖에 있는 신이나 어떤 권능자로부터의 속박에서 해방하여 자유자라는 것을 밝힌 것이며,
셋째, 자신에 관한 책임은 자신에게 있을 뿐이요, 자기를 떠난 초월적 창조자는 없다는 것을 밝힌 것이며,
넷째, 인간은 일체 속박이나 고난에서 벗어날 권능(權能)을 지닌 자라는 사실을 밝힌 것이므로 거기서 수행의 중요성을 강조해 준다.

_70. 여래는 어디로부터 왔다고 말할 수 없고 어디로 갈 것이라고 말할 수가 없다. 그래서 여래라고 한다. 반야경

_71. 부처님은 인욕으로 투구를 삼고, 정진으로 견고한 갑옷을 삼고, 지계로 대마(大馬)를 삼고, 선정으로 양궁(良弓)을 삼고, 지혜로 좋은 화살을 삼으시어, 밖으로 마왕의 군사를 깨고 안으

로 번뇌의 도적을 멸하신다. 그래서 아라한이라 한다. 대지도론

_72. 온갖 사물의 생멸하는 도리를 똑똑히 아시어 닦을 것을 다 닦고 끊을 것을 다 끊었으므로 부처님이라고 한다. 부처님이 세상에 계심은 연꽃이 진흙 속에서 나되 진흙에 물들지 않음과 같으니, 온갖 번뇌를 깨고 최상의 깨달음에 도달하여 생사의 한계를 떠났으므로 부처님이라 한다. 잡아함경

_73. 부처님에게는 비길 바 없는 불가사의한 열 가지 경계가 있다.

① 부처님은 한 곳에 가부좌하신 채 시방의 무량한 세계에 가득 찰 수 있다.

② 부처님은 한 마디를 설하신 것만으로 온갖 불법을 다 나타내실 수 있다.

③ 부처님은 한 광명을 놓아 온갖 세계를 두루 비칠 수 있다.

④ 부처님은 한 몸으로 온갖 몸을 다 나타낼 수 있다.

⑤ 부처님은 한 처소 속에 온갖 세계를 다 나타낼 수 있다.

⑥ 부처님은 한 지혜로 온갖 사물을 틀림없이 이해하실 수 있다.

⑦ 부처님은 한 순간에 시방세계를 다 갈 수 있다.

⑧ 부처님은 한 순간에 여래의 무량한 위덕을 다 나타낼 수 있다.

⑨ 부처님은 한 순간에 널리 삼세(三世)의 부처님과 중생들을 알아보시되 마음에 어지러움이 없으시다.

⑩ 부처님은 한 순간에 과거·미래·현재의 온갖 부처님과 일체가 되어 차별이 없으시다. 화엄경

_74. 사리불아, 여래께서는 지견(知見)이 광대심원(廣大深遠)하시니, 무량(無量)·무애(無碍)·역(力)·무소외(無所畏)·선정(禪定)·삼매(三昧)가 있으셔서 끝없는 지혜에 들어가시어 온갖 미증유의 가르침을 성취하시느니라. 법화경

25. 부처님의 본원(本願)

_75. 저 먼 옛날에 세자재왕불이 계셨는데, 그 나라의 국왕이 이 부처님의 설법을 듣고 깊은 환희심을 품고 무상도(無上道)를 구할 뜻을 냈다.

그래서 왕위를 버리고 출가하여 법장(法藏)이라 하였는데 재주와 용맹이 세상에 뛰어났다. 그는 부처님 앞에 나와 부처님을 찬탄한 다음 이렇게 여쭈었다.

"세존이시여, 저는 위없는 바른 법을 깨닫고자 결심하였습니다. 바라옵건대, 저에게 거룩하신 교법을 말씀하여 주옵소서."

부처님께서 말씀하셨다.

"만약 사람이 지성으로 정진하여 도를 구하면 마땅히 원하는 바를 얻을 것이니 어떠한 소원인들 모두 성취되리라."

그리고 곧 법장비구를 위하여 여러 불토와 천상국토의 묘함을 널리 말씀하시고 이를 나타내 보여 주었다.

이에 법장비구는 청정한 나라들을 모조리 보고 뛰어난 서원을 세우고 5겁(劫) 동안 깊은 선정에 들어 불국토를 성취할 장엄하고 청정한 수행에 온 마음을 다했다.

그리고 세자재왕불 앞에 나아가 마흔 여덟 가지의 큰서원을
아뢰었다.

"제가 성불할 적에 그 나라에 삼악도가 있으면 저는 차라리
성불하지 않으오리.(1) 그 나라의 중생이 수명이 다한 뒤에 삼
악도에 떨어지는 일이 있으면 성불하지 않으오리.(2)

그 나라 중생들의 모양이 한결같이 훌륭하지 않다면 저는 차
라리 성불하지 않으오리.(4) 그 나라의 중생이 숙명통 · 천안
통 · 천이통 · 누진통 등, 육신통을 얻지 못하면 저는 차라리 성
불하지 않으오리.(5~10)

저의 광명이 한량이 없어 모든 불국토를 비출 수 없다면 저는
차라리 성불하지 않으오리.(12) 저의 수명이 한정이 있어 백천
억겁만을 살 수 있다면 차라리 성불하지 않으오리.(13)

시방세계의 중생들이 저의 나라에 태어나고자 신심과 환희심
을 내어 저의 이름〔아미타불〕을 열 번을 불러서 태어날 수 없다면
저는 차라리 성불하지 않으오리.(18)

그 나라의 보살들이 부처님의 일체 지혜를 연설할 수 없다면
저는 차라리 성불하지 않으오리.(25) 그 나라의 보살들의 지혜
와 변재(辯才)가 한량이 있다면 저는 차라리 성불하지 않으오
리.(30)

매미꽃 / 양귀비과 / Coreanomecon hylomeconoides Nakai

제가 부처가 될 적에 다른 세계 보살들이 제 이름을 듣고 기
뻐하며 보살행을 닦아서 모든 공덕을 갖추지 않는다면 저는 차
라리 성불하지 않으오리.(44)" 무량수경

_76. 원하옵건대, 중생으로 하여금 항상 안락하고 일체 병고
는 영영 없기를 바라오며, 악한 일을 하고자 하면 그 모두가 이
루어지지 않고, 착한 업을 닦고자 하면 모두 속히 성취하여 일
체 악취의 문을 닫아 버리고, 인간이나 천상이나 열반에 이르
는 바른 길을 열어 보이며, 모든 중생이 그가 지어 쌓은 악업으
로 인하여 받게 되는 일체의 극중한 고통은 내가 다 대신 받아
서 저 중생으로 하여금 모두 해탈케 하여 무상보리를 성취하여
지이다. 보현행원품

26. 부처님은 우주법계에 충만하시다

_77. 부처님께서 코끼리 조련사에게 물으셨다.

"코끼리를 제어하는 법이 몇 가지가 있는가?"

조련사가 대답했다.

"세 가지가 있습니다. 첫째는 견고한 쇠갈구리로 입을 열어 고삐를 매는 일입니다. 둘째는 먹이를 줄여 늘 배고프게 하는 것입니다. 셋째는 매질을 해서 아픔을 주는 일입니다.

쇠갈구리로 입의 억셈을 제어하고, 음식을 많이 주지 않는 것으로 몸의 사나움을 제어하고, 매질로 그 마음을 항복받습니다."

부처님께서 코끼리 조련사에게 이르셨다.

"나도 세 가지가 있어서 온갖 사람을 제어하며 또한 스스로 제어하여 무위(無爲)에 이르도록 한다.

첫째는 지성으로 입의 후환을 제어하고,

둘째는 자애(慈愛)로 몸의 억셈을 조복하고,

셋째는 지혜로 어리석음을 없앤다.

대개 이 세 가지를 가지면 온갖 사람을 구제하여 삼악도(三惡

道)를 여의게 할 수 있느니라." 법구비유경

_78. 중생은 방일하여 길이 오욕(五欲) 속을 헤매고 무실(無實)한 망상으로 괴로운 장애를 만들고 있다. 이때에 부지런히 수행하여 방일함 없이 불법을 받들어 행하고, 큰 서원을 일으켜 저들을 구제함이 바로 부처님의 경계이다.

미혹하여 바른 길을 잃고 그릇된 길을 가는 중생을 보건대, 모두 큰 어둠 속에 깊이 잠겨 있다. 이들을 위해 지혜의 등불을 켜서 불법을 보게 하는 것이 바로 부처님의 경계다.

삼유(三有)의 바다가 깊고 넓어서 밑과 가(邊)가 없는데 중생들이 그 속에 빠져 허덕이고 있다. 이에 방편으로 정법의 배를 만들어 그들을 건너게 하는 것이 바로 부처님의 경계다. 화엄경

_79. 부처님께서 가섭에게 이르셨다.

"여래의 몸은 영원의 몸이라 변치 않으며 금강의 몸이라 허물어지지 않는 몸이니, 한량없는 세월동안 정법을 지켜 보존한 인연으로 이 몸을 성취하였다. 법을 지킨 인연에 의해 이 금강의 영원불변한 몸을 성취하느니라." 열반경

_80. 세존께서는 황금신(黃金身)을 대중에게 보이시고 나서 곧 무량무변 백천만억의 큰 광명을 발하사 시방의 온갖 세계를 비추시고 난 뒤 다시 대중에게 말씀하셨다.

"마땅히 알라. 여래가 너희들을 위하는 까닭으로 누겁(累劫)에 걸쳐 애쓰고 고생하여 온갖 난행고행을 다 닦았느니라. 그리고 대비의 본원으로 이 오탁악세에서 아뇩다라삼먁삼보리를 이루어 이런 금강불괴(金剛不壞)의 몸을 얻었으니, 32상과 80종호가 갖추어졌으며 한없는 광명으로 온갖 것을 두루 비추매 여래의 형상을 보거나 빛을 만나면 곧 해탈하지 않는 자가 없느니라."
열반경

_81. 부처님 몸은 법계에 충만하여 온갖 중생 앞에 널리 나타나신다. 이와 같이 인연을 따라 감응하여 두루 미치지 않는 곳이 없으시나, 항상 이 보리좌(菩提座)에 거처하고 계시다. 화엄경

27. 중생을 제도하기 위하여 발심한다

_82. "아난이여, 그런 말 마옵소서. 여래의 몸은 금강의 몸이라, 모든 악은 이미 다 끊었고, 모든 선은 다 지었거늘 어찌 병이 있을 것이며 어찌 괴로워함이 있을 것이요.

부처님을 비방하지 마시오. 다른 사람들이나 대위덕 제천이나 타방 정토에서 오신 보살들에게 그런 말을 듣지 않도록 하시오. 전륜성왕의 작은 복으로도 오히려 병이 없거늘, 어찌 무량복을 모으시고 일체에 수승하신 부처님이시리요.

아난이여, 우리들로 하여금 부끄러움을 당하지 않게 하시오. 외도들이 이 말을 들으면 생각하기를 '자기 병도 구하지 못하거늘, 어찌 다른 사람의 병을 구할 것이며, 하물며 남의 스승을 지으랴' 할 것이요. 어서 속히 가시오. 남이 들을까 두렵소.

여래의 몸은 곧 법신이시니 욕심이 없는 몸이며, 세존이시니 삼계를 뛰어 넘으셨으며, 번뇌가 없으시니 함[爲]이 없음이라, 어찌 병이 있으리오."

그때에 공중에서 소리가 들려 왔다.

"아난이여, 거사 말과 같다. 부처님이 오탁악세에 나서 법을

행하심은 중생을 건지기 위함이니 우유를 받되 부끄러워 마라." 유마경

_83. 불보(佛寶)에 세 가지 불신(佛身)이 갖추어져 있으니, 자성신(自性身) · 수용신(受用身) · 변화신(變化身)이다.

자성신은 큰 단덕(斷德)이 있어서 이공(二空)에 나타남이니 모든 부처님들께서 모두 평등하시다.

수용신은 큰 지덕이 있어서 진상무루(眞常無漏)하니 모든 부처님께서 모두 뜻을 같이 하신다.

변화신은 큰 은덕이 있어서 정통변현(正通變現)하니 모든 부처님들께서 모든 작용을 같이 하신다. 심지관경

*삼덕 : 부처님이 갖추고 있는 세 가지 공덕을 말함. 단덕, 지덕, 은덕.
*단덕 : 온갖 번뇌를 끊어버린 덕, 해탈덕.
*지덕 : 지혜로써 모든 것을 있는 그대로 꿰뚫어 보는 공덕.
*은덕 : 부처님이 큰 서원으로 중생을 구제하기 위해 은혜를 베푸는 공덕.
*이공 : 아공(我空)과 법공(法空). 아공이란 '나'라는 존재는 오온(五蘊)이 잠시
        모인 것이어서 실체가 없다고 생각하는것. 법공이란 개체를 구성하는
        여러 요소도 실체가 없다고 보는 것.
*진상무루 : 깨달음의 경지에 들어 부족함이 없는 것. 진상은 깨달음의 세계,
        열반의 경지를 말함.
*정통변현 : 신통력에 의하여 자유로이 몸을 나투는 것.

엉겅퀴 / 국화과 / Cirsium japonicum var. maackii (Maxim.) Matsum

_84. 세존께서 게송을 설하셨다.

"만약 형상으로 나를 보려 하거나 음성으로 나를 찾는다면,

이 사람은 사도(邪道)를 행함이라.

여래는 보지 못하리라." 금강경

_85. (보살은) 다만 중생의 괴로움을 길이 없애고 세간을 이롭게 하기 위하여 발심한다.

바른 가르침을 수지하고 지혜를 닦아 깨달음을 증득하기 위하여 발심한다.

깊은 마음으로 신해(信解)하여 항상 청정한 태도로 모든 부처님을 공경 존중하며 법과 승(僧)에도 이같이 하여 지성으로 공양하기 위하여 발심한다.

모든 사물이 이론을 떠났으며 본성이 공하여 온갖 상을 떠나 짓는 바가 없으니 이 참뜻을 통달코자 발심한다.

보살은 모든 여래의 종성(種城) 끊어지지 않게 하기 위하여 발심하며 모든 중생을 건지기 위하여 발심한다. 화엄경

28. 일체 중생을 내가 다 구호(救護)하리라

_86. 부처님께서는 태어나자 곧 동쪽으로 일곱 걸음을 걸으시고 이같이 이르셨다.

"나는 인천(人天)과 아수라 중에서 가장 존귀하고 가장 뛰어났느니라." 열반경

_87. "이제 이 삼계(三界)는 다 내 것이요, 그 속의 중생은 실로 내 자식임이 분명하다. 이제 이곳에 온갖 재앙이 많거니 오직 나만이 이를 구호하리라." 법화경

_88. 부처님께서 말씀하셨다.

"내가 세상에 나타남은 큰 구름이 비가 되어 온갖 것을 적셔주는 것과 같아서 메마른 중생으로 하여금 다 괴로움에서 떠나 편안한 즐거움을 얻게 하기 위함이다.

중생을 편안케 하는 데 있어서 세상에 능히 나를 따를 자가 없느니라." 화엄경

_89. "이 온갖 중생의 마음이 협소하고 열등해서 대승을 구하지 않고, 그 마음에 무상(無上)의 일체지(一切智)를 찾지 않고 멀리하여 누구에게나 대승의 대행(大行)이 똑같이 있건만 성문이나 벽지불의 계통을 즐기고 있다.

나는 마땅히 저 중생들로 하여금 미묘하고 더 없는 불법의 광대한 마음에 안주케 하겠다." 화엄경

_90. 세존께서 문수사리 동자에게 이르셨다.

"만약 어떤 사람이 말하기를, 부처님 아닌 성인이 또 있어 부처님보다 뛰어났다고 한다면 그럴 리 만무하거니와, 만약 말하기를 '오직 부처님만이 천인(天人)의 스승이시라 더 넘을 자가 없다' 한다면 이것은 도리에 맞는 말이니라." 수호국계주경

_91. 보살은 이렇게 생각했다.

'내가 중생을 이끌어 완성시키지 아니하면 누가 이끌어 완성시킬 것인가?

내가 중생을 조복하지 아니하면 누가 조복할 것인가?

내가 중생을 교화하지 아니하면 누가 교화할 것인가?

내가 중생을 깨닫게 아니하면 누가 깨닫게 할 것인가?

내가 중생을 청정하게 하지 아니하면 누가 청정하게 할 것인
가?

그러므로 이 모두는 내 의무요, 내가 응당 해야 할 일〔責任〕이
다.' 화엄경

_92. 보살은 아눅다라삼먁삼보리에 두 마음이 없으므로 자신
의 노력과 큰 정진력에 의해 심심(深心)을 획득하여 남의 이해와
남의 가르침을 빌리지 않은 채, 지극히 큰 힘을 스스로 성취해
서 물러섬이 없는 경지에 도달한다.

그리하여 모든 사람이 얻기 어려운 것을 능히 얻고 보시하기
어려운 것을 능히 보시한다. 지계 · 인욕 · 정진 · 승혜에 있어
서도 마찬가지다. 보살장정법경

_93. 제 마음을 스승으로 삼고 남을 스승으로 삼지 말 것이다.
자신을 스승으로 삼는 사람은 참된 지혜를 얻으며, 이락을 획
득하며, 온갖 번뇌를 끊으며, 능히 모든 악취를 깨며, 길이 참
된 지혜를 지닌 스승이 되며, 빨리 깨달음을 실천하게 된다. 법
집요송경

_94. "내가 삼세제불과 같으니 꼭 여래가 되리라.

선법과 율의를 거두어들여 중생을 이롭게 하는 계를 갖추리라.

만물을 널리 거두어 남김 없어서 온갖 중생을 널리 이롭고 즐겁게 하여 제도하지 못한 자를 내가 마땅히 제도하며, 해탈하지 못한 자를 해탈케 하며, 안온을 얻지 못한 자가 있으면 내가 안온 문을 열어 주어 온갖 중생을 열반의 경지에 안주케 하리라." 비밀상경

4장

마음

곰취 / 국화과 / Ligularia fischeri (Ledeb.) Turcz

29. 참 마음과 거짓 마음

_95. 사람이 미혹을 거듭하는 것은 두 근본을 모르기 때문이다.

첫째는 미혹된 마음을 자기 본성이라 잘못 아는 것이고, 둘째는 청정본심이 자신인 것을 모르는 것이다.

주먹을 쥐고 팔을 쳐들면 눈으로 보고 마음에서 안다. 그러나 이 아는 마음은 참 마음이 아니고 분별하는 마음이다.

분별하는 마음은 욕심에서 일어나 자기 편의에 따라 분별하며, 인연 따라 일어나는 마음으로서 실체가 없는 변하는 마음이다. 이 마음을 참 마음이라고 아는 데서 미혹이 있다.

손을 움직이면 마음이 움직이고 마음이 움직임에 따라 손도 움직이나, 움직이는 마음은 마음의 표면이고 근본 마음은 아니다. 능엄경

_96. 모든 사람은 청정본심이 있다. 이것이 인연 따라 일어나는 번뇌의 티끌에 덮여 있지만 이 번뇌는 밖에서 온 손님〔客〕이지, 주인〔主〕은 아니다. 마치 달이 구름에 가리어도 구름에 더럽혀지거나 흔들리지 않는 것처럼.

그러므로 움직이는 번뇌를 자기 본성이라고 생각하면 안 된다. 움직이지 않고 때묻지 않는 본성에 눈떠서 참된 자기에게로 돌아와야 한다.

분별하는 마음은 욕심에 이어져 인연 따라 일어나는 것이고 인연을 떠나서 분별하는 마음은 없다.

인연이 오든지 가든지 상관없이 영구히 움직이지 않고 멸하지 않는 마음, 이것이 마음의 본체이며 또한 주인이다.

손님이 갔다고 하여 집이 없어지지 않는 것처럼 인연 따라 생멸하는 마음이 없어졌다 하여 자기가 없어진 것이 아니다.

인연 따라 움직이는 분별심은 마음의 본체가 아닌 것이다. 능엄경

_97. 해가 뜨면 밝고 해가 지면 어둡다. 밝음은 태양으로 돌려보내고 어둠은 밤으로 되돌려 보낸다고 하자. 그러나 밝음과 어둠을 아는 힘은 보낼 곳이 없다. 그것은 마음의 본성, 본체(本體)로 돌릴 수밖에 없다.

해가 떠서 밝은 것도 한 때의 마음이고, 해가 져서 어두운 것도 한 때의 마음이다. 그러나 마음의 본체는 아니다. 그 밝고 어둠을 아는 힘의 근본이 마음의 본체다.

그러므로 인연 따라 생멸하는 좋고·나쁘고·밉고·곱고 하는 생각은 일시의 마음이요, 객진번뇌(客塵煩惱)다.

이 객진에 싸여도 더럽혀지지 않는 것이 청정본심이다. 온갖 경계를 보고 그것에 결박된 생각을 돌이켜 결박되지 아니한 자기 본성으로 돌아오면 몸도 마음도 장애가 없는 완전한 자유를 얻게 되는 것이다. 능엄경

_98. 사람이 바른 마음을 쓸 줄 알면 신들도 기뻐할 것이다.

마음을 조복(調伏) 받아 부드럽고 순하게 가져라. 마음가는 대로 따라가서는 안 된다.

마음이 하늘도 만들고 사람도 만들며 귀신이나 축생, 혹은 지옥도 만든다. 그러니 마음에 따르지 말고 마음의 주인이 되라. 장아함 반니경

_99. 내가 악행을 하면 저절로 더러워지고, 선행을 하면 저절로 깨끗해진다.

그러니 깨끗하고 더러움은 내게 달린 것, 아무도 나를 깨끗하게 해줄 수 없다. 법구경

_100. 마음은 모든 성자의 근원이며 만 가지 악의 주인이다. 열반의 즐거움도 자기 마음에서 오는 것이고, 윤회의 고통도 또한 자기 마음에서 일어난다.

그러므로 마음은 세간을 뛰어 넘는 문(門)이고 해탈로 나아가는 나루터[津]다.

문을 알면 나아가지 못할까 걱정할 것 없고, 나루터를 알면 건너편에 이르지 못할까 근심할 것 없다. 달마혈맥론

30. 마음의 그림

_101. 두 어리석은 사람이 상자와 지팡이와 구두, 이 세 가지를 가운데 두고 종일 다투고 있었다. 그래도 해결이 나지 않았다. 이것을 본 지나가던 젊은 사람이 물었다.

"왜들 그렇게 다투는가? 그 물건이 대체 무엇이기에 그렇게도 싸우는가?"

어리석은 한 사람이 말했다.

"이 상자는 음식이든, 의복이든, 보물이든 무엇이든 마음대로 나올 수 있고, 이 지팡이는 잡으면 적군을 항복 받고, 이 구두는 신으면 하늘을 날 수 있어요."

이 말을 들은 젊은 사람은 말했다.

"다툴 것 없어요. 내가 똑같이 나누어 드리지요. 두 분은 좀 물러서시오."

어리석은 두 사람이 물러서자 젊은 사람은 한 손에 상자를 안고 또 한 손에는 지팡이를 잡고 발에 구두를 신고는 공중으로 솟아오르며 말했다.

"자! 이렇게 되면 다툴 것이 없지 않겠소?"

그는 멀리 날아갔다.

여기 두 어리석은 사람은 외도를 믿는 사람이다.

상자는 보시다. 저들은 보시에서 온갖 보물을 낳는 것을 모른다. 또 지팡이는 선정이다. 저들은 선정으로 번뇌의 악마를 항복 받는 줄을 모른다. 또 구두란 청정한 계행이다. 저들은 계율에 의하여 온갖 다툼을 뛰어넘는 것을 모른다.

그러기 때문에 상자와 지팡이와 구두를 사이에 두고 종일토록 다투고만 있었던 것이다. 잡보장경

_102. 옛날에 임금이 궁전을 짓고 넓은 회의장 벽에 그림을 그리고자 하여 두 사람의 화가를 불렀다. 둘 다 천하제일이라고 인정받는 화가들이었다. 두 사람의 화가는 각기 한쪽 벽을 맡아서 그리게 되었다.

한 사람은 채색을 가지고 마음껏 붓을 날렸다. 아름다운 자연이 벽에 가득 그려져 갔다. 또 한 사람의 화가는 까만 숫돌을 들고서 벽면을 갈고만 있었다.

많은 날이 지나 두 화가는 그림의 완성을 보고했다. 임금은 신하를 거느리고 그림을 보러 갔다. 넓은 회의장 한쪽 면에는 살아 있는 듯한 그림이 그려져 있었다. 구름·산·물·숲, 그

깽이풀 / 매자나무과 / Jeffersonia dubia (Maxim.) Benth. & Hook.f. ex Baker & S.Moore

리고 꽃과 새… 등등의 생생한 자연이 그려져 있었다. 임금은 천하제일의 화가라고 칭찬했다.

그런데 다른 쪽 벽에는 텅 빈 벽이 있을 뿐 아무 그림도 그려 있지 않았다. 임금은 불쾌하게 생각하고 그쪽 화가를 추궁했다.

"너는 봉급만 받아먹고 그동안 아무 그림도 그리지 않았구나."

화가는 대답했다.

"임금님이시여, 어찌 그럴 수가 있겠습니까? 부족하지만 저도 열심히 그렸습니다."

"어디에 무슨 그림이 있다는 말인가?"

"임금님이시여, 잠시 마음을 고요히 하시고 조금만 뒤로 물러서서 벽면을 바라보시지요. 그림을 저절로 보시게 될 것입니다."

임금은 몇 걸음 뒤로 물러서서 벽을 쳐다보았다. 이제까지는 반짝반짝 잘 갈려져 있기 만한, 아무것도 없는 거울 같은 벽면에 이상한 경치가 떠오르기 시작했다.

먼 산이 가까운 산과 겹쳐 있고 구름이 그 사이에 한가롭게 걸렸다. 시냇물은 흐르고 새는 유유히 창공을 날고 있었다. 더욱이나 임금도 시종도 그림 안의 사람이 되어 있었다. 임금은 묘한 경치를 자세히 보고 놀라며 말했다.

“그려진 그림도 아름답지만 그리지 않은 그림도 참으로 아름답구나. 이것은 무슨 그림이라고 해야 좋겠는가?”

“임금님이시여! 신(臣)은 다만 형상이 없는 마음그림〔心畵〕을 그렸습니다.” 목건련과 사리불의 전생이야기

31. 내 마음, 위대한 마음이여

_103. '이 우주는 어떻게 되어 있는가? 영원한 것인가, 없어지는 것인가, 끝이 있는 것인가, 끝이 없는 것인가?'

어떤 사람이 이런 문제에 대해 결정적 해답을 얻기 전에는 수행을 하지 않는다고 한다면 그 사람은 아무것도 얻기 전에 죽음이 먼저 찾아올 것이다. 그런 것은 인생의 참으로 급한 문제는 아니다.

예를 들면 무서운 독화살을 맞은 사람이 있어서 그의 친척과 벗들이 모여 독화살을 빼고 의사를 부르려 했다. 그때에 독화살을 맞은 사람이 "잠시 기다려라. 화살을 뽑지 마라. 화살은 누가 쏘았나, 어떤 사람인가, 활은 어떤 활이며 활촉은 어떤 것인가? 그 모두를 완전히 알 때까지는 화살을 뽑을 수 없다…"고 한다면 어떻게 될까?

말할 것도 없이 머뭇거리는 동안에 독이 전신에 돌아 죽고 말 것이다. 전유경

* 범부는 그 몸도 세계도 차츰 무너져 간다. 불이 붙은 거와 같다. 우주가 영원하든 말든 생로병사, 우비고뇌의 물결이 끊임없이 밀려오고 있다. 사람들

은 무엇보다 먼저 그 불을 끄고 고뇌에서 벗어나야 한다. 그러기 위해서는 도를 닦아야 한다. 부처님은 중생들에게 필요한 가르침은 다 말씀하시고, 알 것은 다 알리고, 닦을 것을 닦게 하여 필경 깨달음에 이르게 하신다.

_104. 나무의 심〔속〕을 얻고자 숲에 들어간 사람이 나뭇가지나 외피(外皮)를 얻고서 심을 얻은 것처럼 알기도 한다.

위없는 도를 구하는 사람이 작은 것을 얻고 만족하거나 교만하거나 남을 비방하면 나뭇가지를 얻고서 심을 얻었다고 생각하는 거와 같다.

조그마한 지혜를 얻고서 그것으로 만족을 삼고 자랑하고 남을 비방하면 역시 나무의 살〔樹肉〕을 얻고서 심을 얻었다고 생각하는 거와 같아서 마음이 쉬 흩어져 게으름에 빠지고 괴로움의 길에 들게 된다.

진리의 길을 구하는 사람은 칭찬이나 명예가 목적이 아니다. 자그마한 안정이나 작은 지혜가 아니다.

견고한 마음의 안정과 밝은 지혜와 해탈이 목표인 것을 잊어서는 안 된다. 아함경

32. 중생 몸 안에 숨긴 보물

_105.   비유하여 한 사람이 네 명의 부인을 두었다고 치자.

첫째 부인은 남편의 극진한 사랑을 받아서 좌기(坐起) · 행보(行步) · 동작(動作) · 와식(臥息)에 한 번도 떨어진 적이 없다. 음식과 의복도 언제나 먼저 주며, 한서(寒暑) · 기갈(飢渴)에도 쓰다듬고 돌보아 욕구대로 해주어 일찍이 다툰 일이 없다.

둘째 부인은 좌기와 담화 때 늘 좌우에 있게 하며, 만나면 기뻐하고 헤어지면 걱정한다.

셋째 부인은 가끔 만나고, 곤궁하거나 몹시 지쳐있을 때는 어느 정도 생각을 해준다.

넷째 부인은 막 부려 힘든 일을 하게 하고, 어쩌다가 일이 있으면 가서 머물지만 전혀 보호하지 않아서 늘 내버려두는 사이이다.

마침 남편이 죽게 되어, 첫째 부인을 불러서 말했다.

"당신이 나를 따라 죽도록 하시오."

"저는 당신을 따라갈 수 없습니다."

남편은 둘째 부인을 불러서 말했다. 그러나 그도 말을 듣지 않았다. "첫째 부인도 당신을 따르지 않는데 제가 어찌 당신을 따라 간단 말입니까?"

셋째 부인도 말을 듣지 않았다. 하는 수 없이 넷째 부인에게 말했다.

"당신이 나를 따르라." 그는 대답했다.

"당신이 가시는 곳이면 어디든 따라가 생사고락을 같이 하겠습니다."

부처님께서 말씀하셨다.

"앞의 비유에서, 첫째 부인은 사람의 몸을 가리킨다. 사람마다 제 몸을 사랑함이 첫째 부인 이상이건만, 죽을 때에 가면 몸은 땅에 누워 따라 나서려 아니한다.

둘째 부인은 사람의 재물이다. 사람마다 재물을 얻으면 기뻐하고 못 얻으면 걱정하거니와, 죽을 때가 되면 재물은 세상에 남아 따라 나서려 하지 않는다.

셋째 부인은 부모·처자·형제·우인·노비 따위에 대한 비유다. 살아 있을 때는 은애(恩愛)로 서로 사모하지만, 죽고 나면 곡(哭)하고 성 밖 무덤 사이에 이르러 죽은 사람을 버린 채 각자

돌아가 시름에 잠기되, 열흘이 지나지 않아서 제대로 마시고 먹으면서 죽은 자를 잊게 마련이다.

넷째 부인은 사람의 마음이다. 세상에 마음을 스스로 사랑하는 자가 없어서 다 멋대로 마음을 방자히 하여 탐욕, 진에(瞋恚)에 빠져 정도(正道)를 믿지 않다가 죽게 되어서는 이 마음이 따라 나서서 악도에 떨어지게 된다.

그러므로 마땅히 마음을 바로 잡아야 할 것이다." 아함경

33. 십이인연

_106. 사람들의 근심 걱정, 슬픔과 괴로움, 그리고 고민은 왜 일어나는 것일까? 집약해서 말하면, 사람들은 모두 끈질긴 집착심을 가지고 있기 때문이다.

부(富)에 사로잡히고, 이름에 집착하고, 목숨에 집착하고, 자아에 집착한다. 이 집착이 있기 때문에 고통과 고뇌가 있게 된다.

중생세계에는 여러 가지 재난이 있다. 그 가운데 늙음과 병과 죽음의 세 가지를 피할 수 없으므로 슬픔이나 괴로움이 있게 되는 것이다. 그것도 뿌리를 깊이 추궁해 보면 집착이 있기 때문이다.

만약 집착을 여읜다면 모든 고뇌는 자취 없이 사라질 것이다.

다시 나아가, 이 집착의 뿌리를 추궁해 보면 중생들의 마음속에는 무명과 탐애가 깔려 있다. 무명은 변천하는 모습에 눈이 가리어 참된 도리를 모르는 것이다. 탐애는 탐하여서는 아니될 것을 집착하고 애착하는 것이다.

무명으로 인하여 행(行)이 있고, 행으로 인하여 식(識)이 있고,

꽃고비 / 꽃고비과 / Polemonium caeruleum subsp. kiushianum (Kitam.) H.Hara

식으로 인하여 명색(名色)이 있고, 명색으로 인하여 육입(六入)이 있으며, 육입을 인하여 촉(觸)이 있고, 촉을 인연하여 수(受)가 있고, 수를 인연하여 애(愛)가 있고, 애를 인하여 취(取)가 있으며, 취를 인연하여 유(有)가 있고, 유를 인연하여 생(生)이 있으며, 생을 인연하여 늙고 병들고 근심·슬픔·죽음이 있는 것이다.

이 고뇌는 무명과 애집(愛執)과 자아의식과 행동에 관련해서 있게 된다. 그러므로 근심·슬픔·괴로움이 있는 미혹의 세계가 있게 된 것은 이 마음이 원인이다. 미혹의 세계는 마음에서 나타난 그림자이고 깨달음 세계는 청정한 마음의 세계인 것이다. 불경

_107. 이 세상에는 세 가지 잘못된 견해가 있다. 만약 저들의 잘못된 견해에 우리가 그대로 따르면 이 세간을 온통 부정할 수밖에 없게 된다.

첫째, 어떤 사람은 인간이 이 세간에서 경험하는 모든 일은 모두가 운명이라고 주장한다.

둘째, 어떤 사람은 이 세간의 온갖 것[萬物]은 신이 있어서 만

드는 것이라고 주장한다.

셋째, 어떤 사람은 이 세간사는 모두 인(因)도 연(緣)도 없다고
말한다.

만약 모든 일이 운명에 의하여 정해진다면 이 세간에서 선한
일을 하든 악한 짓을 하든 모두 운명이고, 행·불행이 오는 것
도 모두가 운명이 되어 인간은 운명 밖으로 한 걸음도 나가지
못하게 된다. 그렇다면 사람들은 좋은 일을 하고자 하는 노력
도 악한 짓을 하지 않으려는 억제도 없게 되고 따라서 이 세계
는 진보도 개량도 없게 된다.

다음에 세상만사 모두가 신의 소행이라고 하는 견해도, 세 번
째의 인도 연도 없다는 견해도 같은 비난을 받게 되고, 악을 여
의고 선을 행하고자 하는 의지도 노력도 무의미하게 된다.

그러므로 이 세 가지 견해는 모두 잘못이다. 불경

34. 참 나와 거짓 나

_108. 우리의 몸도 마음도 인연으로 이루어진 것이므로 이 몸은 내가 아니다. 이 몸은 인연이 모인 것이므로 덧없는 것이다.

만약 이 몸이 진정 나의 것이라면 나의 몸이 '이렇게 되라든가, 되지 말라고 생각하면' 곧바로 생각대로 될 것이다. 마치 국왕이 정사(政事)를 할 때, 상 줄 사람은 상을 주고 벌할 사람은 벌하여 자기 마음대로 할 수 있는 것과 같을 것이다. 그러나 사람들은 아무도 바라지 않는 병이 들고 또는 늙으며 매사가 뜻대로 되지 않는다.

우리가 알고 있는 이 마음도 내가 아니다. 마음도 또한 인연의 모임이고 항상 변하는 것이다. 만약 마음이 참으로 나라면 '이렇게 하라든가, 하지 말라고 할 때' 그와 같이 되어야 할 터인데도, 언제나 마음은 내가 원치 않는데도 나쁜 것을 생각하기도 하고, 원치 않는데도 착한 일을 멀리하며 내 뜻대로 되어 주지 않는다.

이 몸은 언제까지라도 변하지 않느냐 또는 변하느냐고 묻는다면, 누구나 변한다고 대답할 것이다. 언제나 변하는 것은 '괴로운 것이냐 즐거운 것이냐 고 묻는다면 누구나 괴로운 것이라고 대답할 것이다.

이 덧없는 것, 항상 변하는 것, 괴로운 것, 이것을 '나의 것'·'나' 라고 생각하는 것은 잘못이다. 마음도 또한 그와 같아서 덧없는 것이고, 괴로운 것이고, '나' 가 아니다.

그러므로 이 '나' 라고 하는 몸을 이루고 있는 몸과 마음과 경계란 원래가 참된 나를 여의고 있다. 그런데도 지혜가 없는 마음이 그것을 나의 것이라 하고 집착하고 있는 것이다.

몸도 경계도 인연 따라 생긴 것이므로 항상 변하여 잠시도 머물러 있지 않는다. 흘러가는 물처럼 또는 등불의 불꽃처럼 바뀌어 간다. 마음도 항상 번거롭게 움직이는 원숭이처럼 잠시 동안도 머물러 있지 않는다.

지혜 있는 사람은 몸과 마음을 이와 같이 보고 이와 같이 알아서 몸과 마음에 대한 집착을 버려야 한다. 집착을 버렸을 때 깨달음을 얻게 된다.

이 세간에는 누구나 할 수 없는 다섯 가지가 있다.

첫째는 늙어 가는 몸으로서 늙지 않으려 하는 것이고,

둘째는 병들지 않으려 하는 것이고,

셋째는 죽지 않으려 하는 것이고,

넷째는 멸하지 않으려 하는 것이고,

다섯째는 다함이 없고자 하는 것이다.

세간 사람들은 이런 피하기 어려운 일을 당하여 부질없이 괴로워하지만, 불법을 배운 사람들은 그것들을 피하기 어려운 것을 앎으로 어리석은 괴로움을 만들어 받지 않는다. 〔그리고 깨달음의 길로 나아간다.〕

이 세간에는 네 가지 진실이 있다.

첫째는 모든 중생은 무명에서 태어나고,

둘째는 욕망의 대상이 되는 것은 덧없고,

셋째는 모든 존재는 덧없고 괴롭고 변하는 것이고,

넷째는 '나'도 '나의 것'도 없다는 것이다. 불경

35. 마음이 주인이다

_109. 미혹도 깨달음도 마음에서 나타나며 세간의 온갖 것은 마음에 의하여 만들어진다. 마치 재주 있는 사람이 가지가지 형상을 자유로이 만들어내는 거와 같다.

사람의 마음의 변화에는 한정이 없고 그 행에도 한정이 없다. 그리고 그 행은 모두 경계를 만들어낸다. 흐린 마음에서는 흐린 경계가 나타나고 맑은 마음에서는 맑은 경계가 나타나므로 경계의 변화에는 한정이 없다고 말한다.

화가에 의하여 그림이 그려지는 것처럼 마음에 의하여 경계가 만들어진다. 한 생각 가운데서 한량없는 경계가 나타난다. 부처님이 나투시는 경계는 번뇌를 여의어서 청정하고, 범부들이 만드는 경계는 번뇌 때문에 흐리게 된다.

이 세간 가운데서 어느 물건도 마음이 만들지 않은 것이 없다. 마음이 그런 것처럼 부처님이 그러하고 부처님이 그런 것처럼 범부의 인간들도 또한 그러하다.

그러므로 온갖 것을 그려내는 데에 있어서는 마음과 부처와

중생에 있어 도무지 차별이 없다. 〔心佛及衆生 是三無差別〕

모든 것은 마음에서 일어난다고 부처님은 바르게 아신다. 그러므로 그와 같이 아는 사람은 참으로 부처님을 아는 자이다.

그런데도 세간 사람들은 언제나 두려워하고 슬퍼하며 괴로워하고 있다. 이루어진 일에도 두려워하고 아직 이루어지지 않은 일에도 두려워한다. 왜냐하면 그 마음속에 무명과 탐애가 엉켜 있기 때문이다.

탐심에서 미혹의 세계가 나타나고, 그 미혹의 세계에서 일어나는 온갖 인연도 근원을 추궁해 보면 모두 일심(一心) 가운데 있는 것이다. 생도 사도 오직 마음에서 일어나는 것이므로 생사에 얽힌 마음이 없어지면 생사도 다하게 된다.

이처럼 미혹의 세계는 이 마음에서 일어나고 미혹된 마음으로 보기 때문에 미혹의 세계가 된다.

마음을 떠나서 미혹의 세계가 없다고 알면 장애를 여의어 깨달음을 얻을 것이다.

이처럼 이 세계는 마음에 이끌리고 마음에 지배를 받고 있다. 미혹된 마음에 의해서 고통 많은 세간이 있게 되는 것이다.

그러므로 모든 것은 마음이 먼저이고, 마음이 주인이며 마음에서 이루어진다. 흐린 마음으로 말하고 몸으로 행하면 괴로움이 그 사람을 따름은 마치 이끄는 소에 수레가 따르는 거와 같다.

그리고 맑고 착한 마음으로 말하고 행할 때 즐거움이 그를 따름은 그림자가 형상을 따르는 거와 같다.

마음이 흐리면 앞 길이 거칠어져 넘어지고 마음이 맑으면 앞 길이 평탄하여 편안히 걷는다.

몸과 마음의 청정을 즐기는 사람은 악마의 그물을 찢고 불국토를 거니는 거와 같다.

악한 행을 행하는 사람은 이 세상에서 괴로워하고 후세에 악한 보를 받으며, 착한 행을 하는 사람은 이승에서 즐겁고 후세에 밝은 덕을 누린다. 불경

얼레지 / 백합과 / Erythronium japonicum (Balrer) Decne

36. 이 세간은 마음의 그림자

_110. 이 세간의 모든 것은 사람들 각자의 마음이 만든 것이다. 바꾸어 말하면 모든 것은 이 마음이 보는 것에 불과하다. 이 도리를 깨달아 망상을 여의면 세간의 번거로운 일들은 영영 없어질 것이다.

그러므로 이 허망되고 거짓된 경계는 필경 미혹된 마음이 만들어낸 것으로, 그것은 마치 마술사가 솜씨껏 온갖 것을 만들어내는 거와 같다. 세간 사람들이 생(生)이라고 보고 미혹이라고 보고 또는 깨달음이라고 보는 것도 모두 이 마술사의 장난이다. 마술사의 솜씨에 따라 인형이 오고 가는 것을 보고 생멸이라고 생각하고 있는 것이다.

사람의 마음, 그 작용하는 바를 따라 심(心)과 의(意)와 식(識)으로 나눈다. '식'은 보고 · 듣고 · 냄새맡고 · 맛보고 · 부딪치고 · 생각하여 경계를 인정하고 아는 작용이며, '의'는 '식'이 작용한 것을 다시 분별하는 작용이고, '심'은 두 가지 작용의 근본이 되며 또한 모든 경험을 그 안에 간직하는 작용을 한다.

식은 온갖 경계가 원래부터 자기 마음에서 나타난 것임을 알지 못하고 마음 밖에 따로 있는 경계로서 인정하는데, 그것은 시작을 알 수 없는 예부터 미혹에 깊이 물들어 사물을 집착하도록 되어 있기 때문이다.

의는 내부의 마음을 '나'라고 인정하며 집착하는 것으로서 끊임없이 내부를 향하여 '나'에 사로잡혀 떠나지 않는다. 그리고 식도 의도 심의 한 작용에 불과하다는 것을 모른다.

심은 의와 식의 작용의 근본으로서 그 안에 지금까지의 모든 경험을 간직하고 그것을 내용으로 하여, 다시 의와 식으로 작용을 하게 된다. 이 심은 쏟아지는 폭포처럼 잠시도 머물러 있지 아니하고 항상 움직인다.

고요한 바다도 바람이 불면 파도가 치는 것처럼, 마음의 바다도 업보의 바람이 불면 있고 없고, 또는 좋고 나쁘고 등 온갖 것을 헤아리는 미혹의 파도가 높아진다. 업보의 바람이 멈추고 계교사량(計較思量)의 파도가 잠자서 고요해지면 비로소 마음의 바다가 잔잔해진다.

이 몸도 눈앞에 보이는 경계도 모두 마음의 그림자로서 이 마음에서, 인정하는 주관과 인정되는 객관이 나타난다. 그러므로 이 세간의 모든 것은 자기 마음을 떠나 있는 것이 아니다. '나'도 '나의 것'도, 가는 것도 오는 것도 참으로 있는 것이 아니다. 다만 먼 옛날부터 집착의 습기가 스며 있어 온갖 세계를 볼 뿐이다. 이 세간의 온갖 것은 모두가 집착과 계교에 따라서 나타난 것으로서 나의 마음의 내용이 그려낸 그림자에 불과하다.

그러므로 마음에 물들어 있는 미혹된 견해를 돌이킬 수 있다면 밝은 깨달음을 얻게 된다. 온갖 것은 모두 나의 마음의 그림자임을 알아 그림자에 속지 않고 그림자에 놀아나지 않게 되면 깨달음을 얻는다.

깨달음이란? 미혹을 만들어내는 의식을 깨달음의 의식으로 전화(轉化)하는 것이다. 불경

37. 청정심(清淨心)

_111. 눈을 뜨면 먼저 방 안을 보고 다음에 창 밖의 숲을 본
다. 방 안의 것을 보지 않고 바깥 것만 보는 눈은 없다.

그런데 만약 몸 안에 마음이 있다면 무엇보다 먼저 몸 안의
일을 자세히 알지 않으면 안 될 것이다.

그렇지만 사람들은 몸 밖의 것은 잘 알아도 몸 안에 대하여는
거의 아무것도 알지 못한다. 그러고 보면 마음이 몸 안에 있다
고 말할 수도 없다.

또한 마음이 몸 밖에 있다고 한다면, 몸과 마음이 서로 떨어
져서 마음이 알고 있는 것을 몸이 모르고, 몸이 알고 있는 것을
마음이 알지 못할 것이다. 그런데 사실은 마음이 아는 것을 몸
이 느끼고, 몸이 느낀 것을 마음이 잘 알고 있으므로 마음이 몸
밖에 있다고도 말할 수 없다.

도대체 마음의 본체가 어디에 있는 것일까?

원래 범부들이 시작 모를 옛적부터 미혹을 거듭하고 있는 것
은 두 가지 근본을 잘못 알거나 모르기 때문이다.

첫째는 생사의 근본인 미혹된 마음을 자기 본성으로 잘못 알고 있는 것이고, 둘째는 깨달음의 본성인 청정본심이 자기에게 갖추어 있는 것을 모르는 것이다.

만약 팔을 들어 올리면 눈으로 보고 마음이 안다. 그러나 그것을 아는 마음은 참 마음이 아니고 계교(計較)하는 마음이다. 계교하는 마음은 욕심에서 일어나 자기의 편의를 계교하는 마음이고 인연 따라 일어나는 마음으로서 실체가 없는 변천하는 마음이다. 이 마음을 참 마음이라고 아는 데서 미혹이 일어난다.

다음에 주먹을 쥐었다 펴면 마음이 그것을 알지만, 그것은 손이 움직이는 것일까, 사람이 보는 데 따라 있는 것일까? 자 움직이는 것은 손일까, 마음일까? 손이 움직이면 마음도 움직이고 마음의 움직임에 따라 손도 움직이지만, 그러나 움직이는 마음은 마음의 표면이지 근본 마음은 아니다.

청정본심이란 불성(佛性)을 말한다. 화경(火鏡)으로 햇빛을 모아 쑥을 가까이 대어 불을 얻고자 할 때 불은 어디서 오는 것일까. 태양과 거울은 서로 멀리 떨어져 있지만 태양의 불기운이 화경을 인연하여 쑥 위에 나타나는 것은 의심할 수 없다. 태양이 있다 하더라도 쑥에 타는 성질이 없다면 쑥에 불은 붙지 않을 것이다.

불성의 쑥에 부처님의 지혜의 거울을 대면 부처님의 불은 불성을 여는 믿음의 불이 되어 사람들의 마음의 쑥에 타오른다. 부처님은 지혜의 거울로써 세계를 비추므로 온 세계에 믿음의 불이 타오르는 것이다.

이처럼 사람들은 본래 갖추어 있는 불성을 어기고 번뇌의 티끌에 사로잡혀, 좋고 나쁜 형상에 마음이 결박되어서 부자유스럽게 살아간다.

어찌하여 본래부터 깨달음의 마음을 갖추고 있으면서도 거짓에 사로잡혀 불성의 빛을 가리어 미혹의 거리를 헤매는 것일까?

그것은 누구나 깨달음이 있고 미혹은 없는 것인데 망상 때문에 미혹의 세계를 만들어내기 때문이다. 망상을 쉬면 깨달음은 스스로 나타난다. 능엄경

복주머니란 / 난초과 / Cypripedium macranthum Sw

38. 보조선사 마음 닦는 법문

_112. 삼계(三界)의 뜨거운 고뇌가 마치 불난 집 안에 있는 거와 같으니, 어찌 거기에 머물러 기나긴 고통을 달게 받으랴. 윤회를 벗어나고자 하면 무엇보다 부처를 찾아야 하고, 부처를 찾고자 할진대 부처는 곧 이 마음이니, 마음을 어찌 먼 데서 찾으랴. 이 몸을 여의지 않았느니라.

육신은 이것이 거짓이라 생도 있고 멸도 있거니와 참 마음은 허공과 같아서 끊이지도 않고 변하지도 않느니라. 그러므로 이르기를 '몸뚱이를 이룬 뼈와 살은 무너지고 흩어져서 마침내 불로 돌아가고 또한 바람으로 돌아가지만 한 물건은 길이 신령하여 하늘을 덮고 땅을 덮는다' 하였느니라.

슬프다. 오늘날의 사람들이 미혹한 지가 오래되어 자기의 마음이 참 부처인 줄을 알지 못하며, 자기 성품, 이것이 참 법(法)인 줄을 알지 못하고서 법을 구하고자 하여 멀리 여러 성인을 찾아 헤매며 부처를 찾고자 하면서도 그 마음을 관(觀)할 줄 모르는구나.

만약 마음 밖에 부처가 있고 성품 밖에 법이 있다 하여, 이런 생각을 고집하고서 불도를 구하고자 한다면, 설사 미진겁(微塵劫)을 지나도록 몸을 사르고 팔을 불태우며 뼈를 부수어 골수를 내며 피를 뽑아 경을 서사하며, 항상 앉아 눕지 아니하며 하루 한 때 묘시(卯時)에만 먹으며, 내지 팔만대장경을 모두 다 외우고 가지가지 고행을 닦는다 하더라도 이것들은 모두가 모래를 쪄서 밥을 지음과 같으니, 다만 스스로 수고로움만 더할 뿐이니라.

다만 스스로의 마음을 요달하면 항하사 수의 법문과 헤아릴 수 없는 묘한 뜻을 구하지 아니하여도 저절로 얻느니라. 그러므로 세존께서 이르시기를 '내가 널리 일체 중생을 보니 모두가 여래의 지혜덕상(智慧德相)을 갖추었다' 고 말씀하셨고, 또 이르기를 '일체 중생의 가지가지 허망한 현상들이 실로 그 모두가 여래의 원각묘심(圓覺妙心)에서 난다' 하셨느니라. 이로써 알지니 이 마음을 여읜 밖에 가히 이룰 부처가 없는 것을….

과거의 모든 부처님도 다만 이 마음을 밝게 요달한 사람이며 현재의 모든 성현도 또한 이 마음을 닦은 사람이며 미래의 도를 닦을 사람도 마땅히 이 법에 의지하여야 하느니라.

바라건대 모든 수도하는 사람들이여, 부디 밖을 향하여 찾지 말지어다. 성품이 물듦이 없어서 본래로 스스로 뚜렷하게 이루어졌으니, 다만 망령된 인연만 여의면 곧 여여(如如)한 부처이니라. 수심결

* 보조스님(1158~1210) : 고려시대 스님으로 법명은 지눌(知訥)이고 호는 목우자(牧牛子). 청평 청원사에서 『육조단경』을 보다가 깨닫고, 1190년 정혜결사(定慧結社)를 하여 여러 선납(禪衲)들과 수행. 1200년 송광사로 옮겨 후학을 지도, 1210년 법상(法床)에 올라 설법하다가 입적(入寂). 불일보조국사(佛日普照國師)는 그의 시호다.

39. 경계(환경)는 마음따라 변한다

_113. 불자들아, 불자가 바른 방향을 향한 마음으로 무명을 깨뜨리고 지혜를 낳고자 하며 열반을 깨닫고자 한다면 그것은 가능하다. 그것은 무슨 까닭인가? 불자들아, 마음이 바른 방향을 향해 있기 때문이다.

불자들아, 이 세상의 어떤 부류 사람들의 마음이 더럽혀져 있는 것을 나는 안다. 나는 마음을 통해서 그들의 마음을 알고 있다. 만약 그 사람이 지금 죽는다고 한다면, 불자들아 마치 지옥으로 옮겨 놓은 것처럼 그는 지옥에 떨어지게 된다. 그것은 무슨 까닭인가? 불자들아, 그의 마음이 더럽혀져 있기 때문이다.

그리고 불자들아, 마음이 더럽혀져 있는 부류의 사람들은 마음이 더럽혀져 있기 때문에 이 세상에서 신체가 무너져 죽은 다음에 고처(苦處) · 악취(惡趣) · 험난처(險難處) · 지옥에 태어난다.

불자들아, 이 세상의 어떤 부류 사람들의 마음이 청정한 것을 나는 안다.

나는 마음을 통해서 그들의 마음을 알고 있다. 만약 그 사람이 지금 죽는다고 한다면, 마치 천계(天界)에 옮겨 놓은 것처럼 그는 천계로 오를 것이다. 그것은 무슨 까닭인가? 불자들아, 그의 마음이 청정하기 때문이다.

그리고 불자들아, 어떤 부류의 사람들은 마음이 청정하므로 이 세상에서 신체가 무너져 죽은 다음에 선취(善趣)인 천계(天界)에 태어난다.

불자들아, 비유하면 흐리고 더럽고 진흙탕이 섞인 못이 있다고 하자. 그 못 가에서 눈이 밝은 사람이 못 안을 들여다본다 해도 굴조개나 조개·모래·돌, 헤엄치거나 또는 가만히 있는 고기떼를 볼 수가 없을 것이다. 그것은 무슨 까닭인가? 불자들아, 물이 흐려 있기 때문이다.

불자들아, 그와 마찬가지로 그 불자는 마음이 흐리기 때문에 자기의 이익을 알지 못하고, 혹은 타인의 이익을 알지 못하고, 혹은 보통사람의 법을 초월한 수승하고 성스런 지견을 깨달을 수가 없다. 그것은 무슨 까닭인가? 불자들아, 마음이 흐려져 있기 때문이다.

불자들아, 비유하면 맑게 개이고 청정하여 흐리지 않는 못이 있다고 하자. 그 못 가에서 눈이 밝은 사람이 못 안을 들여다본다면 굴조개나 조개·모래·돌, 헤엄치고 혹은 가만히 있는 고기떼를 볼 수 있다. 그것은 무슨 까닭인가? 불자들아, 물이 흐려 있지 않기 때문이다.

불자들아, 그와 마찬가지로 그 불자는 마음이 흐려 있지 않기 때문에 자기의 이익을 알고, 또는 타인의 이익을 알고, 또는 양자의 이익을 알고, 또는 보통사람의 법을 초월한 수승하고 성스런 지견을 깨달을 수가 있는 것이다. 그것은 무슨 까닭인가? 불자들아, 마음이 흐려 있지 않기 때문이다. 불전

40. 생사의 집에서 벗어나는 길

_114. 이 세간은 근본적으로 마음이 만드는 것이므로, 마음이 사로잡힘이 없는 참된 도를 얻지 아니하면 안 된다.

미혹은 마음에 있는 것이다. 마음이 탐욕에 사로잡혀 괴로워하고, 마음이 무명으로 인하여 어둠에 싸이고 괴로워한다.

도를 구하는 사람은, 생사가 있는 집을 만드는 것은 이 마음 밖에 없다는 것을 알아서 탐욕을 조복 받아야 한다.

"나의 마음이여, 그대 어찌하여 경계에 빠져서 자그마한 안정도 없이 들떠 있는가?

마음이여, 그대는 나를 왕자로 태어나게도 하였고 가난한 집에 태어나서 여기저기 구걸하게도 하였다. 때로는 하늘나라에 태어나게 하여 영화를 누리게도 하였고, 또한 지옥 불에 그을리게도 하였다. 그대는 이처럼 가지가지로 나를 끌고 다녔지만, 나는 그대를 따라 조금도 어기는 일이 없었다. 그러나 이제부터 나는 부처님의 가르침을 따르기로 하였다. 부디, 나를 더 이상 괴롭히거나 방해하지 말라. 그리고 스스로 괴로움을 벗어나 깨달음을 얻게 하라.

마음이여, 그대가 모든 것은 변하는 것임을 알아서 집착함이 없고, 무엇이든 내 것이라는 생각이 없어 탐심·진심·치심에서 벗어나 편안하게 되는 날이 어느 때일까? 죽음과 늙음과 병에 이기고 지혜의 칼로써 탐욕을 끊으며 이해 득실과 칭찬과 비방에 사로잡힘이 없는 편안함을 얻는 날은 언제일까?

마음이여, 그대는 나에게 도를 구하도록 인도하였다. 그런데도 지금 어찌하여 이욕과 영화에 이끌려 부질없이 움직이려고 하는가?

형상이 없이 어디까지나 멀리 달려가는 마음이여, 나로 하여금 이 넘기 어려운 미혹의 바다를 건너게 하라. 이제까지 나는 그대의 뜻대로 움직였지만 이제부터는 그대의 지배에 머물지 않고 성스러운 가르침을 따를 것이다.

마음이여, 산천도 바다도 모두 변한다. 세간이란 불안으로 가득 차 있다. 부처님의 가르침을 따라서 어서 속히 깨달음의 언덕에 이르러야 할 것이다." 불전

금꿩의다리 / 미나리아재비과 /
Thalictrum rochebrunianum var. grandisepalum (H.Lev.) Nakai

41. 마음과 본성

_115. 모든 중생은 다같이 불성(佛性)을 지니고 있어서 차별이 없다. 열반경

_116. 진여의 자체성(自體性)은 모든 범부·성문·연각·보살·부처님들에 있어서 더하고 덜함이 없으며, 과거에 생긴 것도 아니며 미래에 없어지는 것도 아니어서 필경 영구하다. 기신론

_117. 마음이란 본래 있는 것이 아니어서 번뇌에 더럽혀질 여지가 없거니, 어찌 마음이 탐·진·치에 의해 더럽혀지며, 삼세(三世, 과거·현재·미래)에 속하는 온갖 것에서 무엇을 마음이라 하랴.

과거의 마음은 없어졌고 미래의 마음은 오지 않았고 현재의 마음은 머물지 않아서, 온갖 사물의 내재하는 본성이 인식되지 않으며, 온갖 사물의 외상(外相)이 인식되지 않으며, 온갖 사물의 안도 겉도 아닌 중간의 모습도 인식되지 않는다.

마음이 본래 형상이 없고 머무는 곳이 없기에 모든 여래들께서도 이를 보지 못하셨거늘, 항차 그 밖의 사람들이 마음을 볼 수 있을까보냐. 심지관경

_118. 마음과 마음의 작용은 그 본성이 공적(空寂)한 것이어서 보고 듣는 것이 아울러 불가능하다. 마음은 허깨비와 같아 실체 없는 것이건만 중생이 이리저리 헤아리는 까닭에 상(相)을 일으켜 고락을 받게 된다.

또 마음의 작용은 흐르는 물과 같아서 시시각각으로 생멸을 거듭해 잠시도 머무는 일이 없으며, 큰바람과도 같아서 찰나 사이에 장소를 바꾸며, 등불 같아서 여러 조건이 갖추어질 때에 일어나며, 번개 같아서 수유(須由)도 머물지 아니한다.

원숭이 같아서 오욕(五欲)의 나무에서 노닐며, 화가와 같아서 갖가지 형상을 그린다. 하인 같아서 여러 번뇌에 혹사당하며, 도둑 같아서 공덕을 훔친다. 돼지떼와 같아서 더러움을 즐기며, 꿀벌 같아서 단맛이 있는 곳에 모여든다.

그렇다고는 해도 그 본성은 가는 일도 없으며 달라지거나 작용하는 일이 없으며 크고 작음이 없으며 고락이 없으며 상주불멸(常住不滅)하여 가장 뛰어났느니라. 심지관경

_119. 마음의 본성은 청정하여 더러움에 물드는 일이 없다. 마치 하늘에 연기나 먼지·구름·안개 따위가 뒤덮여 밝고 깨끗하지 못한 경우에도 허공의 본성은 더럽혀지는 일이 없는 것과 같다.

온갖 중생도 바르지 않은 생각 탓으로 여러 번뇌를 일으키고는 있으나, 그 마음의 자성은 청정하여 더럽혀지는 일이 없다. 이같이 더럽혀지는 일이 없으므로 그 마음의 자성은 청정하여서 해탈을 얻게 되는 것이다. 승사유범천경

_120. 항사겁(恒沙劫)에 걸쳐 불이 탄다 해도 허공을 태우지는 못한다.

하나 하나의 중생이 항사겁에 걸쳐 역죄(逆罪)에 해당하는 악한 행위를 한다 해도 그 심성은 더럽혀지지 않는다.

온갖 중생의 심성은 본래 청정해서 번뇌의 여러 결(結)을 더럽히지 못한다. 허공을 더럽히지 못하는 것과 같다. 심성의 청정함은 물 속의 달과도 같다. 불경

42. 자성(自性)은 원래 청정하다

_121. 중생이 경계를 망령되이 인정하므로 마음에 차별이 생긴다. 기신론

_122. 청정한 진여(眞如)는 무시이래 오직 평등할 뿐이어서 그 자성이 청정하며, 생기고 없어지지도 않으며, 가는 일 오는 일도 없으며, 또한 머무는 장소조차 없다.

그러나 진여의 이성이 자성을 지키지 않는 까닭에 조건(緣)을 따라 변화해 가게 되는 것이니, 그러기에 염정진여(染淨眞如)라 부르는 것이다. 석마하연론

_123. 마음은 본래부터 생긴 일도 일어난 일도 없어서 그 본성이 언제나 청정할 뿐이건만 객진번뇌(客塵煩惱)에 의해 더럽혀지는 까닭에 분별하는 마음이 있게 되는 것이다. 지세경

_124. 이 마음은 본래부터 그 자성이 청정하건만, 무명이 있어서 그것에 의해 더럽혀지는 까닭에 염심(染心)이 있게 되는

것이다. 기신론

_125. 존재의 진실, 불변한 본성은 원래 공적하여 이런저런 모양이 없으니, 허공 같아 분별이 불가능하다. 여러 집착하는 생각을 초월하고 말할 길이 끊어진 상태여서, 진실·평등하고 언제나 청정하다. 화엄경

_126. 모든 사물〔현상·존재〕은 이름도 없고 종성(種性)도 없으며, 오는 일·가는 일도 없으며, 다르지도 않고 다르지 않음도 아니며, 여러 가지도 아니요, 여러 가지 아님도 아니며, 둘도 아니요 둘 아님도 아니다. 화엄경

_127. 온갖 법계는 허깨비 같고, 부처님들은 그림자 같고 보살은 꿈같고, 부처님의 설법은 산울림 같고, 온갖 세상은 화작(化作) 같으니라. 화엄경

_128. 그때 문수사리보살이 각수보살에게 물었다.
"불자여, 마음의 본성이 다 같은데 어찌하여 갖가지 차별이 있어서, 혹 좋은 곳에 태어나기도 하고, 혹 나쁜 곳에 태어나기

도 하는 것입니까?

또 어찌하여 육신이 온전하기도 하고 온전치 못하기도 한 것입니까? 그리고 생(生)을 받음에 차별이 있어서 혹은 단정하고 혹은 추하기도 하여 고락이 같지 않은 것입니까?

그리하여 업이 마음을 모르고 마음이 업을 모르며, 수(受)가 보(報)를 모르고 보가 수를 모르며, 인(因)이 연(緣)을 모르고 연이 인을 모르며, 지(智)가 경(境)을 모르고 경이 지를 모르는 것입니까?"

각수보살이 대답했다.

"대덕께서 이제 그 뜻을 물으심은 대중의 몽매함을 깨우쳐 주시기 위함이므로, 제가 그 뜻을 받들어 대답하겠으니, 대덕께서는 자세히 들으시기 바랍니다.

모든 현상의 존재는 본디 작용도 없고 체성(體性)도 없습니다. 그러기에 그 모든 것들이 서로 알지 못하는 것이어서, 마치 강물 속의 물이 급히 흘러가면서도 각기 서로 모르는 것 같습니다. 모든 존재도 이러합니다." 화엄경

산수국 / 범의귀과 /
Hydrangea macrophylla var. acuminata (Siebold & Zucc.) Makino

43. 마음을 닦아라

_129. 만약 사람이 마음을 잘 제어하여 마음이 외물을 따라 일어나지 않게 하고 모든 번뇌를 버린다면 해가 어둠을 없애는 것 같으리라. 제법집요경

_130. 마음이 한 대상에 머물러 모든 의혹을 떠나면 청정함이 진금(眞金)과 같아질 것이다. 이것이 안락이다. 제법집요경

_131. 마음은 선악의 근원이니 선악의 뿌리를 끊고자 하는 사람은 먼저 그 마음을 제어해야 한다. 마음이 안정되고 해탈한 다음에라야 깨달음을 얻는다. 법구비유경

_132. 뭇 사람 속에 앉아 뭇 사람을 부끄러워하지 않으며 남의 존경하는 바가 되는 것은 마음이 청정하고 바른 때문이다. 정행경

_133. 우리의 감정 중에서 노여움·게으름·의혹의 마음에서 생기는 감정은 모두 영속하지 않지만, 인욕·자애·안온의 마

음에서 생기는 것과 부처님의 참된 가르침을 신봉하는 정성에서 생기는 것은 영겁불멸한다. 파리문소아함경

_134. 온갖 현상은 마음이 인도자 구실을 하므로 능히 마음을 알면 모든 현상을 다 알 수 있게 된다. 갖가지 세상의 사물들은 모두 마음 때문에 만들어진다. 반야경

_135. 보살은 다른 일을 깨닫는 것이 아니라 오직 제 마음을 깨닫는 것이다. 왜냐하면 제 마음을 깨닫는 사람은 온갖 중생의 마음을 깨닫게 되는 까닭이다. 만약 제 마음이 청정하면 온갖 중생의 마음도 청정해진다. 제 마음의 체성은 곧 온갖 중생의 체성이니, 제 마음의 더러움을 제거하면 온갖 중생의 마음의 더러움을 제거함이 되며, 제 마음의 어리석음을 제거하면 온갖 중생의 어리석음을 제거함이 된다.

이렇게 하는 것을 '모두를 깨달은 이' 라고 일컫는다. 대장엄법문경

_136. 선남자야, 마음의 성(城)을 지킨다 함은 생사의 경계를 탐하지 않음이요, 마음의 성을 장엄한다고 함은 여래의 십력(十

力)을 지성껏 구함이요, 마음의 성을 청정하게 다스린다 함은 아낌과 거짓을 완전히 끊음이요, 마음의 성을 서늘하게 한다 함은 온갖 사물의 실성(實性)을 사유함이다.

마음의 성을 홍성하게 한다 함은 온갖 선정에 의한 해탈의 궁전을 지음이요, 마음의 성을 비춘다 함은 널리 온갖 부처님의 도량에 들어가 반야바라밀다를 듣고 믿음이요, 마음의 성을 방호한다 함은 악우(惡友)와 마군을 항상 막는 일이요, 마음의 성을 넓힌다 함은 대비로 온갖 중생을 불쌍히 여김이다.

마음의 성을 연다 함은 가진 것을 모두 내던져 상대를 따라 보시하는 일이요, 마음의 성을 엄숙히 한다 함은 온갖 악한 가르침을 따르지 않음이요, 마음의 성을 속속들이 비춘다 함은 온갖 부처님의 바른 가르침과 수다라(經) 중의 모든 법문과 갖가지 연기(緣起)를 밝게 통달하는 일이니라. 화엄경

44. 마음을 돌(石)과 같이

_137. 어느 때건 몸과 마음을 청정하게 하고 바른 생활 태도를 굳건히 지키며 마음을 고요한 경지에 머물게 하여 온갖 어지러움을 떠나야 한다. 불모출생경

_138. 마음은 담백하고 고요하여 육근(六根)을 잘 거두어 지켜서 흔들리거나 어지러워지지 말아야 하며, 입은 삼가고 조심하여 아첨하고 속이는 일이 없어야 한다.

시끄럽거나 험악한 곳을 버리고 조용한 곳에 편안히 거처하여 그 육체를 청정하고 조화 있게 유지하여 몸가짐을 항상 삼가서 설사 비방하는 말을 듣는다 해도 참으며 다시 한 걸음 나아가 심심(深心)으로 안좌(安坐)를 즐겨야 한다. 보살장정법경

_139. 선남자야, 보살은 모든 불법을 닦아 온갖 불국토를 정화하며 착한 행위를 쌓아 중생을 조복하여 큰 서원을 일으켜 일체지에 들어가며, 불가사의한 해탈문에 마음대로 노닐어 부처님의 본성을 깨달으며, 큰 신통을 나타내어 시방세계에 두

루 머물며, 극히 작은 지혜로 널리 온갖 겁에 들어가는 바, 이 런 모두가 다 제 마음 때문에 이루어지느라.

그러므로 마땅히 선법으로 제 마음을 도우며, 법의 물〔法水〕로 제 마음을 윤택하게 하며, 대상의 세계에서 제 마음을 청정하 게 다스리며, 정진으로 제 마음을 견고히 하며, 인욕으로 제 마음을 넓고 편하게 하며, 지혜에 의한 증득으로 제 마음을 깨 끗이 하며, 지혜로 제 마음을 총명케 하며, 자재의 힘으로 제 마음을 계발하며, 평등의 도리로 제 마음을 넓히며, 십력(十力) 으로 제 마음을 살펴야 할 것이다. 화엄경

_140. 선정은 일곱 가지 착한 행위에 의해 더욱 깊어지고 청 정해진다. 일곱 가지란 무엇인가?

첫째는 늘 난야에 살면서 고요히 사유함이다. 둘째는 여러 사람과 함께 모여서 이야기하지 않음이다. 셋째는 바깥 대상 에 탐심을 내지 않음이다. 넷째는 몸이거나 마음이거나 온갖 화려한 욕심이 적음이다. 다섯째는 집착하는 곳이 없음이다. 여섯째는 말과 글자의 수식을 즐기지 않음이다. 일곱째는 남 으로 하여금 대신해 가르치도록 함으로써 성락(聖樂)을 얻게 함 이다. 문수불계경

_141. 깨끗한 물도 더러움이 끼어 들면 탁해지거니와 뒤에 가서 다시 깨끗해지는 것은 그 더러움이 제거되었기 때문이다. 이로써 볼 때, 그 깨끗함은 밖으로부터 온 것이 아니며 본성이 깨끗했던 것임을 알 수 있다.

마음도 또한 마찬가지다. 심성이 본래 청정한 것은 번뇌를 제거했기 때문이다. 이로써 볼 때 그 청정함이 밖으로부터 온 것이 아니며 본성이 청정했기 때문임이 확실하다.

그러므로 마땅히 두려워하지 말 일이다. 대승장묘경

_142. 부처님께서 모든 비구들에게 이르셨다.

"마음을 지니되 마땅히 네모진 돌과 같이 하라. 그 돌이 뜰 가운데 반듯이 놓여 있으며, 비가 떨어져도 깨지 못하며, 해가 뜨겁게 비쳐도 녹이지 못하며, 바람이 불어도 움직이지 못하나니, 그러므로 마음을 지니되 마땅히 돌과 같이 하라." 아함정행경

45. 마음을 다스려라

_143. 대상에 마음을 잘 안정시키는 것을 정(定)이라 한다. 마음이 어지러워지지 않고 흔들리지 않는 까닭이다. 육문교수습정론

_144. 지혜 있는 사람은 조용히 차근차근 정진해서 마음의 더러움을 씻어낸다. 장인이 쇠를 벼려 그 잡된 더러움을 제거하는 것과 같다. 악은 자신의 마음에서 나와 도리어 자신의 몸을 파괴한다. 쇠에서 녹이 나와 도리어 그 몸〔쇠〕을 좀먹는 것과 같다. 법구경

_145. 눈이 흐려지면 청정하고 미묘한 빛깔을 볼 수 없듯, 마음을 청정하게 갖지 않으면 온갖 부처님의 가르침을 볼 수 없게 된다. 화엄경

_146. "불자여, 해가 뜨면 세상을 두루 비쳐서 온갖 맑은 물이 담긴 그릇에는 그 그림자가 나타나지 않음이 없고 모든 곳에 두루 비쳐서 따로 오고 감이 없다.

그러나 혹 어느 한 그릇이 깨질 때는 그 그림자가 나타나지 않게 마련이다. 불자여, 너는 어떻게 생각하느냐? 저 그림자가 나타나지 않는 것이 해의 탓이냐?”

“아닙니다. 그것은 어디까지나 그릇이 깨졌기 때문이지, 해에게 잘못이 있는 것은 아닙니다.”

“불자여, 여래의 지혜의 태양도 또한 마찬가지니, 법계에 널리 나타나 전후가 없어서 온갖 중생의 청정한 마음의 그릇에 나타나지 않음이 없으시다. 그리하여 마음의 그릇이 늘 청정하면 불신(佛身)을 언제나 뵙게 되고 마음이 흐리거나 그 그릇이 깨졌을 경우에는 뵐 수 없게 되느니라.” 화엄경

_147. 중생의 마음은 거울과 같다. 거울에 때가 끼면 물건의 모습이 나타나지 않는다. 그와 마찬가지로 중생의 마음에도 때가 끼는 경우에는 법신이 나타나지 않는다. 기신론

_148. 마음을 닦지 않은 사람은 선정바라밀다를 갖추지 못한다. 악업을 저지르면서 마음을 거두지 아니한다면 탐·진·치의 업을 지어 지옥에 가게 될 것이다. 열반경

_149. 제 마음을 깨닫지 못하면 어떻게 바른 도를 알랴. 전도된 지혜 때문에 온갖 악을 끌어내게 되느니라. 화엄경

_150. 어떤 사람의 집에 악한 자식이 있어서 관리에게 잡혀가는 것을 보라. 다 마음이 부정에 주저앉은 때문이니라. 아함정행경

_151. 이 신체의 작용은 다 마음 때문에 생겨난다. 그러므로 먼저 마음을 제어하여 몸을 괴롭히지 말아야 한다.
　몸은 목석 같아 의식이 없는 존재니 어찌해 마음을 함부로 하여 몸을 괴롭힌단 말인가. 불본행경

_152. 마음을 멋대로 놓아두는 사람은 후회하지 않는 일이 없게 마련이니, 방자한 마음이 부르는 재앙은 수미(須彌)보다도 무겁다. 인욕경

_153. 오근(五根)의 주인은 마음이다. 그러므로 너희들은 마땅히 마음을 잘 제어해야 한다. 마음이 두렵기는 독사·악수(惡獸)·원적(怨敵)·대화(大火)보다 더하니라. 유교경

5장

배움[學]

큰제비고깔 / 미나리아재비과 / Delphinium maackianum Regel

46. 부지런히 배우고 닦아야 한다

_154. 법계의 온갖 존재는 한량이 없으니, 학문을 쌓아야 비로소 진리를 깨달을 수 있을 것이다. 빗방울이 떨어져 시원스레 흐르는 물이 되는 것은 점점 모였기 때문이니, 무시윤회(無始輪廻)의 바다에서 보리심을 일으켜 금강도량에 앉아 불과(佛果)를 성취하는 것도 이와 마찬가지다. 제법집요경

_155. 좋은 마음씨가 되고 싶거든 게으름을 부리지 말고 부처님이 가르치신 착한 일들을 잘 배워야 한다. 승지율

_156. 마음에 게으름을 일으키지 말고, 마땅히 성스러운 도리를 부지런히 배워야 할 것이다. 사분율

_157. 저 어리석은 중생들은 진리를 알지도 못하고 보지도 못해서 종내 깨달을 날이 없다. 그러므로 보살마하살은 부지런히 정진해 배움을 닦아 자기의 학문을 성취시키는 한편, 중생들로 하여금 이 가르침 중에서 도리에 맞게 학문을 닦아 실

지실견(實知實見)하여 청정한 온갖 부처님의 가르침을 얻게 해야 한다.

_158. 중생은 수습을 즐겨해 스승을 따라 배움을 닦아야 한다. 그리하여 훌륭한 스승의 본래의 가르침을 수지하여 삼매에 싫증냄이 있어서는 안 된다. 근책계(勤策戒)를 닦아서 다섯 번 쌓인 뇌의 훈습을 떠나고, 여러 가지 계를 잘 실천하여 깨달음을 힘껏 이루어가야 할 것이다. 성불신변경

_159. 보살이 보살행을 닦아 최고의 깨달음을 실현하고자 하면, 심히 깊은 반야바라밀다를 응당 부지런히 닦고 배워야 한다. 대반야경

_160. 반야바라밀다는 광대한 진언, 무등등(無等等)의 진언이어서 온갖 괴로움을 없애 준다. 이는 곧 진실하여 거짓이 없는 진리이니, 불도를 닦고 배우는 사람은 응당 이렇게 배워야 할 것이다. 성불모반야경

_161. 땅을 놓고 볼 때, 염부단금(閻浮檀金)은 얼마 안 되지만

가시나 모래·조약돌·풀·나무 따위는 많다. 온갖 중생도 마찬가지다. 중생의 모임을 놓고 볼 때, 반야바라밀다를 닦는 사람은 얼마 안 되지만, 성문이나 연각의 법문을 닦는 사람은 많다. 불모출생경

* 염부단금 : 염부나무 숲 사이로 흐르는 강에서 나는 사금(砂金)으로, 적황색에 자줏빛의 윤이 난다고 한다.

_162. 좋은 과일을 얻고 싶을 경우, 과수를 심어 그 뿌리를 땅에 묻고, 때에 맞추어 물을 주어서 윤기 있게 하면, 싹이 트고 가지·잎·꽃·열매가 생겨나, 마침내는 과일을 먹게 된다.

이처럼 보살이 아뇩다라삼먁삼보리를 얻고 싶다면, 마땅히 육바라밀다를 닦아야 할 것이다. 방광반야경

47. 수도(修道)는 거문고 줄 다루듯이

_163. 세 가지 배움[學]이 있으니, 셋이란 무엇인가? 소위 계학(戒學)·심학(心學)·혜학(慧學)이 그것이다. 문수불경계경

_164. 부처님의 깨달음을 구하는 사람이라면, 마땅히 네 가지 착한 일을 닦아야 할 것이다. 넷이란 무엇인가?

첫째는 대보리심을 일으켜, 차라리 목숨을 잃을지언정 떠나지 않음이다. 둘째는 선지식을 가까이 해서, 차라리 목숨을 잃을지언정 떠나지 않음이다. 셋째는 인욕·유화를 닦아 차라리 목숨을 잃을지언정 성내지 않음이다. 넷째는 고요한 경지에 안주해서 차라리 목숨을 잃을지언정 어지러운 생각을 일으키지 않음이다.

선남자들아, 이 같은 네 가지 착한 일을 보살마하살이라면 응당 닦아야 하느니라. 보살수행사법경

_165. 세 가지 미덕의 수행이 있는 사람을 진실한 수행자라고 한다.

첫째는 계행을 고루 갖춤이요, 둘째는 경의 도리를 많이 앎이요, 셋째는 능히 사람을 제도함이다. 이것이 세 가지 미덕의 진정한 수행인이다. 사품학법경

_166. 하잘 것 없는 도를 배워, 그릇된 견해를 믿어서는 안 된다. 방탕을 익혀 갈애를 증장시켜서는 안 된다.

오로지 도리에 맞는 행위를 잘 익혀 배우되 어겨서는 안 된다. 법구경

_167. 한 출가사문이 밤에 가섭불의 『유교경(遺敎經)』을 소리 내어 읽는데, 그 소리가 애절해서 '차라리 이렇게 깨닫지 못할 바에는 출가나 하지 말 것을' 하고 뉘우쳐, 출가수행자 노릇을 그만둘 생각이 있는 것 같았다. 부처님께서 그에게 다가가시어 물으셨다.

"예전에 집에 있을 때, 너는 무슨 일을 하였느냐?"

사문이 대답했다.

"거문고 타기를 좋아했습니다."

"거문고 줄이 느슨하면 어떻더냐?"

"그래 가지고는 소리가 나지 않나이다."

"그렇다면, 줄이 팽팽하면 어떻고?"

"줄이 끊어집니다."

"줄이 팽팽하지도 느슨하지도 않아 알맞을 때는?"

"소리들이 고르게 울립니다."

부처님께서 말씀하셨다.

"사문이 도를 구함에 있어서 다급할 때는 몸이 지칠 것이고, 그 몸이 지칠 때는 마음이 괴로울 것이고, 마음이 괴로울 때는 수행이 뒷걸음질 칠 것이고, 수행이 뒷걸음쳤을 때는 반드시 허물이 더해 갈 것이다.

오직 사문의 마음과 몸이 청정, 안락해야만 도를 잃지 않으리라." 사십이장경

_168. 도를 배우는 사람이 여러 욕망에 미혹되지 않고, 여러 사견(邪見)에 어지럽힘을 당하지 않으면서 열반을 향하여 정진하면 이런 사람은 도를 얻을 수 있으리라. 화엄경

48. 마땅히 배우고 실천해야 한다

_169. 수보리가 부처님께 여쭈었다.

"만약 보살마하살이 아뇩다라삼먁삼보리를 성취코자 한다면, 마땅히 어떻게 안주하고 어떻게 수행해야 하겠습니까?"

부처님께서 말씀하셨다.

"마땅히 일체 중생을 대함에 있어서 평등심(平等心)·무독심(無毒心)·자심(慈心)·이익심(利益心)·선지식심(善知識心)·무장애심(無障碍心)·겸하심(謙下心)·무뇌심(無惱心)·불해심(不害心)을 일으키도록 해야 한다.

또 항상 널리 선행을 닦아야 한다. 곧 기꺼이 보시하며, 계를 온전히 지키며, 인욕을 이루고, 정진에 게으르지 않으며, 선정을 닦아 고요한 경지에 이르며, 지혜를 갖추어 뛰어나게 이해하는 것이 그것이다.

이 같은 갖가지 바라밀다행을 닦고 연생(緣生)의 도리를 따르고 온갖 존재를 관찰하여 온갖 존재를 대함에 단멸상(斷滅相)을 취하지 말아야 한다.

이같이 온갖 존재의 진실한 모습을 익히 알게 되면 능히 보살지(菩薩地)를 넘어 온갖 불법을 갖추어서 끝없는 중생을 성장, 완성시켜 궁극의 완전한 깨달음의 영역에 안주케 될 것이다.

보살이 이같이 수행하면 장애의 상태가 없어져 온갖 존재를 대함에 장애가 없게 된다." 불모출생경

_170. 선남자야, 부처님이 깨달은 진리는 일체의 상(相)을 떠난 모습이요, 이는 가장 수승한 이법(理法)이니, 절대적으로 고요하여 문자로 표현할 수 없고, 뜻으로 헤아릴 수도 없으며, 말로 나타낼 수 있는 성질의 것도 아니다.

온갖 말이란 다 무의미한 것이니, 그러므로 너희들은 가르침의 뜻에 의지할지언정 명목(名目)·문자(文字) 따위에 의지함이 없도록 해야 한다. 승사유범천소문경

_171. 사람이 생존 중에 아무리 많이 외우고 널리 배운다 하더라도, 도리를 깨닫지 못하고 문의(文義)·구의(句義)를 또한 바르게 이해하지 못한다면, 사람이 초목을 많이 져 날라 백천 짐에 이른다 해도 애를 썼을 뿐 아무 소용도 없는 것과 같다. 출요경

_172. 학인이 수행해야 할 것은 본말에 통달하고 백법(白法)·
흑법(黑法)을 정확히 인식하여 병의 일어나고 없어지는 원인을
알며 전도(顚倒)와 전도 아님을 다 능히 구별해 이해하고, 그러
고 나서 거기 맞추어 성약(聖藥)을 쓰는 일이다. 출요경

_173. 비록 말은 어눌해도 진실한 도리를 알고 있다면, 부처
님의 가르침을 마땅히 수지(受持)할 수 있을 것이다. 비유하자
면 금을 취하고 돌을 버리는 것과 같다.
　위대한 도리는 진금(眞金)과 같고, 잘하는 말은 와석(瓦石)과 같
으니, 말에 의존하고 도리에 의지하지 않는 경우 그 사람은 무
명(無明)의 소경이 될 수밖에 없다. 구경일승보성론

_174. 차라리 조금 배워 도리를 이해할지언정, 많이 배우기만
하고 도리는 이해하지 못 함을 택해서는 안 된다. 열반경

톱바위취 / 범의귀과 / Saxifraga nelsoniana D.Do

49. 배운 것은 그대로 실천해야 한다

_175. 비유컨대 그물을 잡을 때, 먼저 그 벼리[綱]를 거두어야
만 그물코가 바르게 되는 것이니, 벼리를 거둘 줄 모른 채 그물
코만 먼저 바르게 하려 하다가는 뒤죽박죽 서로 뒤엉켜 풀 수
없게 되고 만다.

배움도 이와 마찬가지다. 그 긴요한 취지를 이해하지 못한다
면, 경(經)의 설하는 바를 듣는다 해도 방편을 알아보지 못하고
분별치 못해서 서로 비난을 일삼게 된다. 그러고는 마침내 자
기 생각이 옳다고 고집하여 노여움을 일으켜 근본을 잃고 도리
를 잊은 채, 바른 것을 헐뜯고 그릇됨을 따르는 바, 여기에 그
제자들까지 각기 뇌동(雷同)하여 산울림이 소리를 따르듯 가세
하기에 이르러서는, 다시 바로잡을 수 없는 사태가 되고 만다.

이리하여 진실을 아는 자는 적고 타락한 자만 더욱 많아지는
결과가 되는 것이니, 이런 부류들은 공연히 배운다는 이름을
지니고 있을 뿐이라고 해야 한다. 오고장구경

_176. 삼학(三學)을 잘 갖추어 수행하지 않고, 오직 박학하다는

이유로 남을 경멸하는 경우, 이런 사람은 오히려 선법(善法)에 큰 장애가 된다. 불장경

_177. 부처님께서 약왕(藥王)에게 이르셨다.

"비유컨대 한 사나이가 물을 구하기 위해 고원(高原)의 땅을 파는데, 매일 일해도 보이는 것은 마른 흙뿐이었다. 상당한 시일이 지나 그 구멍이 어지간히 깊어졌는데도 물이 나지 않았다. 그래도 단념치 않고 흙을 더욱 파들어 가자, 드디어 물이 솟구쳐 올랐다.

이처럼 설사 보살이 경전 설함을 들었다 해도 꾸준히 수지하여 외우지 않는다면, 이 보살행자는 위 없는 부처님의 깨달음으로부터 아주 멀리 놓이게 된다.

이와는 달리 보살들이 경전을 듣고 난 뒤에도 외우고 열심히 닦아서 늘 가르침을 마음에 두어 실천한다면, 이 사람은 가장 뛰어난 깨달음을 빨리 이루게 될 것이다." 정법화경

_178. 보살이 비록 산야(山野)에 살더라도 마음이 시끄럽다면 참다운 원리행(遠離行)은 수행하지 못한다. 그러나 비록 마을이나 성중에 살더라도 마음이 고요하다면 능히 참다운 원리행을

수행할 수 있다.

_179. 사람이 불도를 닦되 좋은 스승을 만나지 못해 인도하는 이가 없으면 좌절한다. 그러나 좋은 스승을 만났을 때는 그 가르침을 따라 스스로 책망할 수 있으므로 반드시 소원을 이루게 된다. 출요경

_180. 출가한 수행자에게는 두 가지 견고한 올가미가 있다.

첫째는 사견(邪見)의 올가미요,

둘째는 재물이나 명예를 탐하는 올가미다.

출가한 수행자에게는 두 가지 법에 대한 장애가 있다.

첫째는 속인과 가까이 지내는 일이요,

둘째는 사우(師友)를 미워하고 시샘하는 일이다.

출가한 수행자에게는 두 가지 우박이 있다.

첫째는 바른 가르침을 비방하는 일이요,

둘째는 계를 어기고 신심 있는 시물(施物)을 먹는 일이다.

출가한 수행자에게는 두 가지 부스럼이 있다.

첫째는 남의 결점을 마음에 두는 일이요,

둘째는 제 결점을 숨기는 일이다.

출가한 수행자에게는 두 가지 병이 있다.

첫째는 교만하여 그 마음을 반성치 않는 일이요,

둘째는 대승을 배우는 이를 헐뜯는 일이다. 마하연보엄경

50. 보살은 박학(博學)해야 한다

_181. 비록 부처님의 가르침을 들어도 수행할 뜻이 없으면, 이는 마치 촌사람이 천자에 관한 이야기를 들은 바, 잠시 그 귀에 유쾌하기는 해도 끝내 소용이 없는 것과 같다. 법률삼매경

_182. 수행하는 사람에게는 고생이 있되, 수행하지 않는 사람에게는 고생이 없다. 수행하는 사람에게 고생이 있는 것은, 비유하자면 곡식의 씨를 뿌릴 때 먼저 밭을 갈아 잡초를 제거해야만 추수를 많이 할 수 있는 것과 같다.

이는 깨달음이라는 큰 즐거움을 가져오기 위해 먼저 겪어야 하는 고생이다. 수행하지 않는 사람에게 고생이 없는 것은, 비유하자면 처음부터 땅을 갈지 않아서 찔레니 명아주 등 잡초가 멋대로 나 있는 것과 같다. 이것은 수행을 하지 않기에 고생이 없는 상태다. 삼혜경

_183. 부처님께서 말씀하셨다.

"예전에 한 사미가 그 스승과 함께 길을 가다가, 땅에 금덩어

리가 떨어져 있는 것을 보자 말없이 이를 주워 가졌다. 그리고 그 스승에게, '빨리 가사이다. 여기는 인적이 드문 곳이라 퍽 무서운 생각이 듭니다' 하니, 스승은 '네가 그 금덩어리를 가졌기 때문에 무서운 생각이 드는 것이니, 그 금덩어리를 버려라. 그러면 다시는 무서운 것이 없을 것이다' 라고 하였다.

이에 금덩어리를 버리고 나서, 사미는 스승에게 절한 다음, '제가 어리석어 아는 것이 없어서 잘못을 저질렀습니다. 이제 금덩어리를 버렸더니 무서운 생각이 안 납니다' 하였다 한다.

제자들아, 학인이 도(道) 얻기를 바라는 것이 이 사미가 금덩어리를 탐냄과 같이 한다면, 어찌 도를 얻지 못할 걱정을 할까 보냐?" 처처경

_184. 보살은 온갖 중생의 말 · 글자 · 도리를 널리 배워서 다 통달하여, 의심하고 미혹됨이 없고 언제나 잊어버리는 일이 없다. 대반야경

_185. 옛날, 한 임금이 온 나라 안의 소경들을 불러 궁중의 마구간으로 데리고 가 코끼리를 구경시켰다. 그런데 앞을 못 보는 그들은 손으로 더듬을 수밖에 없어서, 코끼리의 다리를

만진 자도 있고, 코를 만진 자도 있고, 귀나 꼬리를 만진 자도 있었다. 구경을 마친 뒤에 그들은 코끼리의 생긴 모양을 놓고 자신의 의견을 교환했다.

다리를 만진 자는 코끼리가 큰 기둥처럼 생겼다 했고, 코를 만진 자는 동아줄과 같다고 했으며, 귀를 만진 자는 키와 같다고 했고, 꼬리를 만진 자는 큰 지팡이 같다고 하여 서로 자신의 생각이 맞다고 다투었다. 이는 실물을 눈으로 보지 못한 소경들이, 각기 제 생각이 옳은 줄 잘못 자신한 데서 온 결과이다.

그 본 바가 적고 경험이 확실치 못한 주제에, 나는 진리를 잘 알고 있다고 자처하는 사람들도 역시 이런 부류라 하겠다. 삼혜경

_186. 소가 물을 마시면 젖이 되고, 뱀이 물을 마시면 독이 된다. 슬기로운 사람이 배우면 깨달음을 이루고, 어리석은 사람이 배우면 윤회를 이룬다.

이같이 이해하지 못하는 것은 적게 배운 탓이니, 모름지기 많이 배우되 오로지 싫증냄이 없어야 한다. 화엄경

51. 널리 배움으로 얻는 이익

_187. 불법을 배워서 많이 알고 계를 지켜 어기지 않는다면, 양세(兩世)에 칭찬을 듣고 소원을 이룬다.

그러나 배우되 아는 것이 적고 계를 지키는 데 완전치 못할 때는, 양세에서 고통을 받을 뿐만 아니라 그 본원(本願)도 상실하는 결과가 된다. 법구경

_188. 보살의 박학(博學)에는 열 가지 공덕이 있다.

첫째는 번뇌의 양상을 아는 일이요, 둘째는 번뇌를 떠난 경지를 아는 일이다. 셋째는 의혹을 떠나는 일이요, 넷째는 바른 견해를 지니게 되는 일이다. 다섯째는 비도(非道)를 떠나는 일이요, 여섯째는 바른 도리에 안주하는 일이다. 일곱째는 감로의 문을 여는 일이요, 여덟째는 부처님의 본성에 접근하는 일이다. 아홉째는 온갖 중생의 광명이 되는 일이요, 열째는 악도를 두려워하지 않는 일이다.

이것이 박학에서 오는 열 가지 공덕이다. 월등삼매경

_189. 세상의 온갖 경전과 논(論)·소(疏)를 다 통달하면, 이러한 인연으로 깨달을 때에 부처님의 지혜를 얻어 다시는 미혹하지 않게 된다. 이런 지혜를 무애지(無碍智)라 한다. 대집경

_190. 모든 부처님의 가르침을 널리 배워 싫증냄이 없으면, 지혜가 끝없이 넓어질 것이다. 보요경

_191. 만약 어떤 사람이 많이 배우기를 즐긴다면 진실의 도리에 잘 안주하여 물러섬 없이 수행함으로써, 능히 윤회의 바다를 넘어설 수 있다.

이런 점에서 볼 때, 가르침을 많이 배운 사람이야말로 온갖 부(富)를 갖추고 있다고 해야 한다.

이와는 달리 가르침에 대해 배운 것이 없는 경우, 그가 아무리 물질적으로 부유하다 할지라도 어리석은 것은 가난뱅이나 다를 것이 없다. 제법집요경

_192. 넓고 많이 배우면 큰 지혜를 얻는다. 화엄경

_193. 박학은 견고히 유지하는 힘이 있어서, 가르침을 받드는

데 담장 구실을 한다. 박학은 뜻을 명백히 해주는데, 뜻이 명백해지면 지혜가 늘어난다.

박학은 근심을 제거하여 선정을 즐기게 해 준다. 법구경

_194. 박학하면 부처님의 가르침을 알고, 박학하면 악을 떠나며, 박학하면 쓸데없는 것을 버리고, 박학하면 열반을 얻게 된다. 대비바사론

_195. 박학한 비구는 남들로부터 칭찬을 받는다. 참으로 훌륭한 일이다. 사람으로서 배움이 있고 보면, 그 행하는 일이 반드시 좋게 마련이다. 그러므로 잘 배워야 좋은 행실을 할 수 있다. 출요경

_196. 부처님께서 분신왕에게 이르셨다.

"의무애(義無碍)와 법무애(法無碍)와 사무애(辭無碍)와 요설무애(樂說無碍)의 모두가 지혜를 기본 조건으로 하여 생긴다. 그러므로 지혜에 의지해 머물러, 지혜에 의지해 실천토록 해야 한다."

분신왕문경

좁쌀풀 / 현삼과 / Euphrasia maximowiczii Wettst

52. 부지런히 배우고 닦아라

_197. 부처님께서 모든 비구에게 이르셨다.

"무엇이 사무량행인가? 자무량(慈無量) · 비무량(悲無量) · 희무량(喜無量) · 사무량(捨無量)을 이름이다.

만약 모든 비구가 큰 자심(慈心)을 갖추어 온갖 중생을 대함에 적도 제 편도 없이 평등하게 즐거움을 준다면 이것이 자무량행이다.

만약 모든 비구가 큰 비심(悲心)을 갖추어 온갖 중생을 대함에 적도 제 편도 없이 평등하게 해탈락을 베푼다면 이것이 비무량행이다.

만약 모든 비구가 큰 희심(喜心)을 갖추어 온갖 중생을 대함에 적도 제 편도 없이 평등하게 이고득락의 법희(法喜)를 베푼다면 이것이 희무량행이다.

만약 모든 비구가 큰 사심(捨心)을 갖추어 온갖 중생을 대함에 적도 제 편도 없이 평등하게 안주한다면 이것이 사무량행이다." 결정의경

_198. 부처님께서 모든 비구에게 이르셨다.

"네 가지 바른 행위가 있다. 첫째는 부모를 효도로 섬기되 안색을 기쁘게 가져 넉넉히 봉양함이다. 둘째는 인(仁)을 지키고 자애를 실천해 항상 생물을 죽이지 않음이다. 셋째는 은혜를 베풀어 가난한 사람을 구제하는데 인색치 않음이다. 넷째는 성세(盛世)를 만났음에 영화를 버리고 불도를 실천함이다.

이 네 가지 바른 행위는 지자(智者)의 지키는 바며 장부(丈夫)의 닦는 바며 달사(達士)의 받드는 바거니와 지혜 없는 어리석은 자들은 좋아하지 않느니라." 진학경

_199. 남을 구하기 위해 자신을 구하지 않는 것이 최상이요, 남을 구하고 자신을 구하는 것이 제2요, 자신을 구하고 남을 구하지 않는 것이 제3이요, 자신과 남을 구하지 못하는 것이 최하이다.

입으로 설하고 몸으로 행하는 사람은 비가 오며 뇌성이 울리는 것 같으니 최상이요, 몸으로 행하되 입으로 설하지 않는 사람은 비는 오나 뇌성이 없는 것 같으니 제2요, 입으로 설하되 몸으로 행하지 않는 사람은 뇌성은 들리나 비가 안 오는 것 같으니 제3이요, 입으로도 설하지 않고 몸으로도 행하지 않는 사람은 뇌성도 안 들리고 비도 안 오는 것 같으니 최하이다. 대보적경

_200. 박학하더라도 수행하지 않으면 무식한 것과 같으니, 먹는 이야기를 아무리 해도 배부르게 하지 못함과 같다. 능엄경

_201. 중생들이 자신의 행실을 닦지 않는다면 생사의 허깨비 속에 살면서도 허깨비 상태를 인식치 못하리니 이런 미혹된 마음에서 언제 벗어날 수 있을 것인가. 열반경

_202. 오직 박학만으로는 여래의 가르침에 들어갈 수 없다. 이는 사람이 진수성찬을 차려놓고도 스스로는 굶주려 먹지 못하는 것 같으며, 남의 약은 잘 지어 주면서 제 병은 못 고치는 것 같으며, 남의 보물을 세나 자신에게는 반푼의 소득도 없는 것 같으며, 왕궁에 태어나 굶주림과 추위를 당하는 것 같으며, 귀머거리가 음악을 연주해서 남을 기쁘게 하지만 자신은 못 듣는 것 같으며, 소경이 여러 형상을 그려 남에게 보이지만 자신은 못 보는 것과 같다.

가르침을 닦지 아니하면 박학도 이와 같을 수밖에 없다. 화엄경

53. 나귀는 소가 아니듯 삼학(三學)을 닦아야 불자다

_203. 위없는 진리의 길〔佛法〕을 배우고자 하는 사람은 세 가지를 부지런히 닦아야 하느니라. 바로 계와 정과 혜의 삼학(三學)이다.

계학(戒學)은 인간으로서 또한 진리의 길을 가는 사람으로서 지켜야 할 계행을 지키고 몸을 닦고 마음을 고르며 감각의 문호를 지켜 작은 허물도 무겁게 여기며 정성을 다한 행으로 일상생활에 힘쓰는 것이다.〔계는 부처님의 행, 즉 진리에 상응한 행을 닦는 것이다. 오계, 팔계, 십계 또는 보살계 그밖에 여러 계가 있다. 이 모든 계는 청정한 마음을 지키고 자비와 지혜를 닦아 진리의 공덕을 행동으로 닦아 가는 것이다.〕

정학(定學)은 방종한 욕망을 떠나 악한 행을 멀리하여 그 마음이 안정되고 청정하여 흔들림이 없는 곳으로 들어가는 것이다.〔모든 보살의 걸림 없는 지혜와 위덕은 모두 선정에서 난다고 하였다. 깊은 믿음과 진실한 수행으로 정은 깊어간다.〕

혜학(慧學)은 지혜를 닦는 것이다. 이것은 괴로움이고, 이것은 괴로움의 원인이며, 이것은 괴로움의 멸(滅)이고, 이것은 괴로움의 멸에 이르는 길이라고 밝게 알아 깨달음을 이루는 지혜를 닦는 것이다.

그러므로 이 삼학을 배우는 것이 부처님의 제자라 할 수 있다.

〔삼학을 배우지 아니하면 이름만의 불자다. 삼학을 힘써 닦아감으로써 깨달음은 자신의 것이 되고 불국토가 이루어진다.〕

나귀는 소와 다르다. 털 빛깔도, 우는 소리도 다르고 뿔도 없다. 그런데 나귀가 소 떼를 따라가면서 '나도 소'라고 외치더라도 아무도 인정하지 않는다.

계정혜, 삼학을 배우지 않으면서 '나는 진리를 구하는 사람이다. 나는 불제자다'라고 외치더라도 결코 불제자가 될 수 없다. 나귀가 소가 될 수 없는 것처럼.

농부가 가을이 되어 풍성한 수확을 얻자면, 먼저 봄에 밭을 갈고 씨를 뿌리며 물을 주고 김을 매어 부지런히 가꾸어야 한다. 그것처럼, 깨달음을 구하는 사람도 반드시 삼학을 부지런히 배워야 한다.

농부가 오늘 중에 싹이 돋고 내일 중에 이삭이 나며 모레 수확할 수 있기를 아무리 간절하게 바란다 해도 될 수 없는 것처럼, 깨달음을 구하는 사람도 오늘 번뇌를 여의고 내일 집착을 없애며 모레 깨달음을 얻는 것 같은 기적은 얻기 어렵다.

종자는 땅에 뿌린 때로부터 농부의 신고(辛苦)와 계절의 조화를 받아서 싹이 나고 성장하여 열매를 맺는다. 깨달음을 얻는 것도 이와 같아서 계정혜 삼학을 닦아 가는 가운데 점차로 번뇌가 사라지고 집착을 여의며 깨달음의 시절이 가까워지는 것이다. 불경

* 세간의 영화를 동경하고 애욕에 빠져 마음이 산란해져 있으면서 깨달음의 길에 들고자 하면 그것은 되기 어렵다. 세간락을 즐기는 것과 도를 즐기는 것은 같지 않다. 그러므로 마음이 세간락에 빠져 있으면 미혹의 괴로움이 나고 마음이 도를 즐기면 깨달음의 즐거움을 얻게 된다. 이런 까닭에 깨달음을 구하는 사람은 오로지 마음을 맑게 하여 가르침을 지키고 계를 가져야 한다. 계를 가지면 스스로 정(定)을 얻고, 정을 얻으면 지혜가 밝아지며 고요하고 밝은 지혜에서 깨달음을 얻게 된다.
그러므로 삼학은 깨달음의 길이다. 삼학을 배우지 않으므로 사람들은 오랫동안 생사를 헤맸다.

6장

말과 진실

동강할미꽃 / 미나리아재비과 / Pulsatilla tongkangensis Y.N.Lee & T.C.Lee

54. 어느 때나 말을 삼가하라

_204. 거친 말을 멀리함으로써 자신을 해치고 남을 해쳐서 피차 함께 해를 입는 일을 면하고, 좋은 말을 익힘으로써 자신을 이롭게 하고 남을 이롭게 해서 남과 내가 널리 이롭도록 해야 한다. 대아미타경

_205. 망령된 말을 하지 말며 거짓말을 즐기지 말아야 한다. 말하는 내용이 지성(至誠)하며 말이 진실하며 전하는 바가 도리에 맞으며 말이 시기에 적합해야 한다.

꿈속에서라도 도에 벗어나는 일을 말하지 않고 늘 바른 가르침의 경전을 설해야 한다.

세속의 행위에 관한 쓸데없는 일을 말하지 않으며 이간하는 말을 떠나 저쪽의 나쁜 말을 이쪽에 전하지 않고 이쪽의 나쁜 말을 저쪽에 말하지 않음으로써 다툼을 화해시켜 원한을 품는 일이 없도록 해야 한다. 점수일체지덕경

_206. 마땅히 착한 말을 배우는 사람은 밤낮으로 착한 말, 좋

은 말을 외우고 익혀서 여러 가지로 뛰어난 해탈의 요도(要道)를 제 것으로 만들어야 한다. 출요경

_207. 보녀동자가 부처님께 여쭈었다.

"진실이란 무엇이옵니까?"

부처님께서 이르셨다.

"진실에 세 가지가 있으니, 부처님을 속이지 않고 자기를 속이지 않고 사람들을 속이지 않음이다."

"그러면 진실한 말이란 어떤 것이옵니까?"

"말을 많이 하지 않고 말을 조심하고 거친 말을 쓰지 않는 것이 진실한 말이니, 너는 진실한 말을 익히도록 해라." 대집경

_208. 해치는 말이나 거친 말, 남을 괴롭히는 말, 남으로 하여금 원한을 품게 하는 말, 저속하고 나쁜 말, 용렬하고 천한 말, 이런 말들은 다 버리고, 늘 정다운 말, 부드러운 말, 듣기를 원하는 말, 듣는 사람이 기뻐하는 말, 사람의 마음에 잘 받아들여지는 말, 멋지고 도리에 맞는 말들을 하며 항상 시기에 맞는 말, 때에 따라 헤아려 결정한 말을 즐겨 생각해야 한다. 보살은 웃을 때라도 늘 자세히 생각하거니, 하물며 굳이 어지

러운 말을 함부로 하겠는가. 화엄경

_209. 스스로 거짓말하는 것과 남을 거짓말하게 하는 것과 방편으로 거짓말하는 것은 보살의 바라이죄에 해당한다. 범망경

_210. 나쁜 말을 하는 사람은 입에 향료를 물고 있는 경우라도 시체와 같고, 악한 일을 즐겨 말하면 입에서 나오는 말은 가시 같고 칼·똥·오줌·벌레·고름과 같아진다.

천신이나 사람의 향으로는 좋은 말 이상의 것이 없고, 삼계(三界, 욕계·색계·무색계) 속의 악취(惡趣, 惡道라고도 하며 악한 짓을 한 중생이 그 과보를 받는 괴로움의 생존. 지옥·아귀·축생을 말함)로는 나쁜 말 이상의 것이 없다. 십선계경

_211. 만약 사람이 세상에 태어나 입으로 나쁜 말을 한다면 이는 항상 날카로운 칼로 제 몸을 베고 있는 격이 된다. 악인을 찬양하고 선인을 헐뜯어서 입으로 온갖 허물을 짓는다면 능히 낙과(樂果)를 초래하지 못한다.

만약 사람이 악한 마음에서 나온 말로 여러 성자를 헐뜯으면 알부타지옥 속에서 백천년을 지내야 한다. 근본유부비나야율

_212.　입은 날카로운 도끼와 같아서 그 몸을 스스로 찍어 깨
트리니 악한 말 때문에 사나운 마음을 일으켜 온갖 죄를 늘림
으로써 모든 재앙을 낳게 된다. 제법집요경

_213.　나쁜 말로 욕해서 남을 업신여긴다면 원한이 생기고,
겸손하고 순한 말로 남을 존경하면 원한이 없어진다.
　사람이 태어남에 도끼가 입 속에 있게 마련이니 그 몸을 해치
는 것, 이 나쁜 말 때문이니라. 법구비유경

_214.　거친 말을 해서는 안 된다. 말할 때에는 남도 그렇게 하
리라는 것을 염두에 두어야 한다. 악(惡)이 가면 화(禍)가 돌아오
게 마련이니 폭력의 과보를 그 몸에 받아야 하리라.
　좋은 말을 하되 종이나 경쇠를 고요히 두들기듯 하라.
　몸에 시비가 없으면 미혹의 세계에서 벗어나 편안할 수 있으
리라. 법구경

_215.　말 많은 자를 남들이 두려워하거니와 그 중에서도 가장
두려워하는 것은 이간질하는 말이다.
　이간질하는 말을 떠난 사람은 이 세상에서 좋은 과보를 받는

다. 이 과보는 스승·친구·형제·처자·노비 등과의 친목을
모두 견고하게 만들어 남이 깨지 못할 것이다. 정법염처경

* 불자도 부득이 거짓말을 해야 할 때가 있다. 만약 거짓말을 함으로써 고차
원의 규범에 합당하다면 그것은 거짓말이 아니고 악이 아니다. 방편에 의한
거짓말이 겉으로는 사실과 어긋난 것으로 보이지만 거짓말을 통해서 보다 높
은 종교적·윤리적·사회적 규범을 지키는 일이 되기 때문이다. 이러한 규범
에 순응하는 방편의 거짓말은 현실적으로 아무에게도 피해를 주지 않는다.
방편에 의해 허용되는 거짓말의 요건은, 첫째 거짓말보다 높은 규범을 지키
는 것이어야 하고, 둘째 자신의 이익이 아닌 타인의 이익을 위하는 것이어야
하며, 자신의 진실을 지켜 나가는 것이어야 한다.

55. 청정하게 구업(口業)을 지켜라

_216. 망어(妄語)의 죄는 중생을 삼악도에 떨어지게 하며, 설사 인간계에 태어나는 경우라도 두 가지 과보를 얻게 만든다. 첫째는 비방을 많이 받는 일이요, 둘째는 늘 많은 사람에게 속는 일이다.

양설(兩舌)의 죄는 중생을 삼악도에 떨어지게 하며, 설사 인간계에 태어나는 경우라도 두 가지 과보를 얻게 만든다. 첫째는 악한 권속을 얻는 일이요, 둘째는 불화한 권속을 얻는 일이다.

악구(惡口)의 죄는 중생을 삼악도에 떨어지게 하며, 설사 인간계에 태어나는 경우라도 두 가지 과보를 얻게 만든다. 첫째는 다투는 일이 항상 있는 것이요, 둘째는 남으로부터 억울한 소리를 듣게 된다.

기어(綺語)의 죄는 중생을 삼악도에 떨어지게 하며, 설사 인간계에 태어나는 경우라도 두 가지 과보를 얻게 만드는 바, 첫째는 어떤 말이건 남이 신용하지 않는 일이요, 둘째는 남의 말을 능히 이해하지 못하는 일이다. 십주경

_217. 옛날에 자라가 있었다. 가뭄을 만나 호수가 말라붙어 제 힘으로는 먹이 있는 곳에 갈 수가 없게 되었다. 마침 큰 고니가 호수에 내려와 앉았으므로 자라는 자기를 먹이 있는 곳으로 데려다 줄 것을 애걸하였다.

고니는 자라를 옮겨주려 입에 물고 도시 위를 한창 날아가는데, 자라는 침묵을 못 지키고 여기가 어디냐고 연달아 물어댔으므로 고니는 저도 모르는 사이에 대답할 수밖에 없었다. 고니가 대답하기 위해 입을 벌리는 순간, 자라는 땅에 떨어져서 사람에게 잡혀 먹히고 말았다.

만약 사람이 어리석고 생각이 모자라서 입을 조심하지 않는다면, 이같이 될 것이다. 구잡비유경

_218. 혀 속에 독[毒, 나쁜 말]이 생기면, 온갖 사람이 믿지 않으리니, 왜 망어를 버리지 않는가? 정법염처경

_219. 세상의 온갖 사람들은 살아 있는 동안 혓바닥에 저절로 도끼가 생기게 되어 있다. 즉 입으로 여러 가지 악한 말을 함으로써 도리어 그 몸을 스스로 해치고 있는 것이다. 기세인본경

_220. 거짓말에는 열 가지 좋지 않은 과보가 따른다.

첫째는 호흡할 때 고약한 냄새가 난다. 둘째는 선신이 멀리 하고 악귀가 날뛸 기회를 얻는다. 셋째는 진실한 말을 해도 남이 신용치 않는다. 넷째는 현인의 논의하는 자리에 낄 수 없다. 다섯째는 늘 비방을 당함으로써 추악한 소문이 두루 천하에 돌게 된다. 여섯째는 남의 존경을 못 받으므로 어떤 일을 당해 명령을 내린다 해도 남이 말을 듣지 않는다. 일곱째는 언제나 근심이 많다. 여덟째는 비방을 받을 업의 원인을 심게 된다. 아홉째는 죽으면 지옥에 떨어진다. 열째는 인간계에 태어난다 해도 늘 비방을 받는다. 대지도론

_221. 부처님께서 아난에게 이르셨다.

"사람이 세상에서 일으키는 재앙은 입에서 나온다. 그러므로 마땅히 입 지키기를 사나운 불을 지키는 것보다 조심해야 한다. 사나운 불꽃은 세상의 재물을 태우나 나쁜 말의 불꽃은 일곱 가지 성스러운 재물, 신재(信財)·계재(戒財)·참재(慙財)·괴재(愧財)·문재(聞財)·사재(捨財)·혜재(慧財)를 태우는 까닭이다. 이같이 중생의 온갖 재앙은 다 입에서 나오므로 입이야말로 몸을 해치는 도끼요, 몸을 죽이는 칼날이다." 보은경

56. 인간의 진실한 모습

_222. 살아 있는 자는 누구나 죽음에 돌아간다. 젊었던 용모는 늙어 쭈그러지고 강하던 힘은 약해지게 마련이어서, 능히 이를 면하는 자가 없다.

설사 수미산이 높다 해도 존속 기간이 다하면 부서져 없어지며, 대해가 깊다 해도 역시 말라서 바닥이 드러나며, 대지와 일도 때가 되면 모두 없어지리니, 일찍이 어느 한 사물도 무상(無常)에 의해 삼켜지지 않은 것이 없다.

그러므로 위로는 비상천(非想天)의 천인, 아래로는 전륜성왕에 이르기까지 칠보가 몸에 따르고 천 명의 아들이 둘레를 에워싼다 해도 그 목숨이 다하면 잠시도 머물지 못하고 죽음 속으로 돌아가 떠돌게 되어 있다.

그리고는 조건을 따라 여러 괴로움을 받되, 삼계 안을 휘돌아 우물의 도르래(井輪)와 같으며, 누에가 고치를 만들매 실을 토해 스스로 저를 얽어맴과 같다.

더없이 존귀한 여러 세존과 그밖에 성인들도 무상한 육신을 버릴 날이 있었거니, 보통 사람이야 두말할 것 있겠는가. 부모·처자·형제·친척이 생사를 달리한 것을 보고 보통 사람들이 비탄에 잠기는 것은 당연하다.

그러기에 여러 사람들에게 권하노니, 진실한 가르침을 잘 들어서 다 함께 무상한 곳을 버리고 마땅히 불사(不死)의 문으로 들어가야 할 것이다.

불법은 감로와 같아서 열을 제하고 청량함을 얻게 하느니, 마음을 오로지 하여 잘 들으면, 여러 번뇌를 제거할 수 있으리라.

무상경

_223. 부처님께서 말씀하셨다.

"선남자여, 비유컨대 가난한 집에 귀한 보배가 있는 것 같으니라. '내가 여기 있다'고 보배 자신이 말할 수도 없으므로 주인은 보배 있음을 알지 못하고, 거기에다 일러주는 사람마저 없고 보면, 그 사람은 제 스스로 지닌 보장(寶藏)을 열어 활용하지 못한다.

중생도 이와 같아서 여래의 큰 가르침의 보장이 그 몸 안에 있건만 그것에 대해 들은 바 없기에 알지 못해서 오욕에 빠져든 나머지 생사에 윤전(輪轉)하여 무한한 고통을 당하는 것이다. 그러므로 부처님들께서 세상에 나타나시어 중생의 몸 속에 여래장이

큰앵초 / 앵초과 /Primula jesoana Miq

있음을 관찰하시고, 여러 보살을 위해 이 법을 설하셨느니라.

선남자여, 여래가 불안(佛眼)으로써 일체 중생을 보건대 탐욕심·성냄·어리석음 등, 여러 번뇌 한가운데 여래지(如來智)·여래안(如來眼)·여래신(如來身)이 있어서 가부좌하고 앉아 꿋꿋이 움직이지 않느니라.

선남자여, 일체 중생은 그 몸에 온갖 번뇌가 있다 하더라도 여래장에 있어서는 때묻거나 물듦이 없어 항상 덕상(德相)을 두루 갖추어 여래와 조금도 다를 바가 없느니라." 여래장경

57. 일심(一心)으로 염불하다

_224.   삼천대천국토 중에 가득한 야차·나찰이 달려와 사람을 괴롭히고자 할 때도 관세음보살의 이름을 일심으로 외우는 것만 들으면 악한 눈으로도 바라보지 못할 것이니, 하물며 해를 가할까 보냐. 법화경

_225. 시방의 관세음과 모든 보살들은 서원을 세워 중생을 구하신다. 누구나 그 이름을 일심으로 부르면 곧 고통에서 벗어날 것이다.

　이름 외우기를 시시각각 끊이지 않는다면 불꽃이 그 몸을 상하지 못하며, 무기가 부러지며 노여움을 기쁨으로 바꾼다. 고왕관세음경

_226. 아침에 관세음을 염하고 저녁에 관세음을 염하며, 시시각각의 행위가 이런 마음에서 일어나고, 한결같이 부처님을 염하여 그 마음에서 떠나지 않는다면, 사람이 고난을 떠나고 고난이 몸을 떠나 온갖 재앙이 무(無)로 돌아간다. 몽수경

_227. 미래·현재의 온갖 세계 속의 육도중생이 임종을 당하여 지장보살의 이름을 얻어들어 비록 한 마디가 그 귀를 스치기만 한다 해도 이런 중생들은 영원히 삼악도의 괴로움을 거치지 않게 되리라. 지장경

_228. 중생이 가지가지로 희구하는 것이 있거나 근심과 괴로움이 절실할 때, 지성으로 지장보살의 이름을 부르고 마음에 염하며 귀의해 공양하는 사람은 그 희구하는 것을 다 얻고, 온갖 근심과 괴로움을 떠나게 될 것이며, 각자에 응해서 알맞도록 천상에 태어나게 하고 열반으로 가는 길에 안치할 것이다. 지장십륜경

_229. 무엇이 염불인가?

'부처님께서 얻으신 것처럼 나도 얻어지이다' 하여, 이같이 염(念)함이다.

이 염불에 아홉 가지가 있으니,

첫째는 부처님의 가르침을 염함이요,

둘째는 부처님과 보살을 염함이요,

셋째는 부처님의 행위를 염함이요,

넷째는 부처님의 청정함을 염함이요,

다섯째는 부처님의 수승함을 염함이요,

여섯째는 부처님의 불퇴전을 염함이요,

일곱째는 부처님의 교화를 염함이요,

여덟째는 부처님이 일체 중생에게 끼치시는 이익을 염함이요,

아홉째는 부처님의 깨달음을 염함이다. 십지론

58. 생각을 집중하라

_230. 한 사문이 부처님께 여쭈었다.

"무엇을 원인으로 전생의 일을 알며 진실한 도를 깨닫게 되오리까?"

부처님께서 말씀하셨다.

"청정한 마음으로 뜻을 지켜 가면 진실한 도를 깨닫게 되며, 거울을 닦으면 때가 벗겨져 밝아지는 것같이 탐욕을 끊어 구함이 없으면 마땅히 숙명통(宿命通)을 얻게 되느니라." 사십이장경

_231. 보리(菩提)의 시원한 달(月)은 필경 공(空)에 노닐게 마련이니 중생의 마음의 물이 맑으면 보리의 그림자가 그 속에 나타나느니라. 화엄경

_232. 너희들은 마땅히 생각을 거두어 집중하여야 한다. 만약 생각의 집중을 잃으면 온갖 공덕을 잃거니와 만약 집중의 힘이 강하면 오욕의 독 가운데에 들어간다 해도 해를 입지 않으리니, 갑옷을 입고 싸움터에 나가면 두려움이 없는 것과 같다. 이

것을 생각의 집중을 잃지 않는 일이라 한다. 유교경

_233. 출가한 사문이 탐욕을 끊고 애욕을 떠나 제 마음의 근원을 인식한다면 부처님의 깊은 진리를 곧 깨닫게 될 것이다. 사십이장경

_234. 선정은 보살의 정토이니, 마음을 통일해 흐트러뜨리지 않는 중생이 그 국토에 태어난다. 유마경

_235. 너희 비구가 마음을 조심해 지녀간다면 마음이 곧 선정에 들 것이며, 마음이 선정에 들어 있는 까닭에 능히 세상의 변화하는 현상의 모습을 이해하게 될 것이다.

그러므로 너희들은 의당 정진해서 온갖 선정을 닦도록 해야 할 것이니, 만약 선정을 얻는다면 마음이 산란해지는 일은 없을 터이다. 마치 물을 아끼는 집에서 방축을 잘 쌓는 것처럼 행자(行者)도 지혜의 물을 아끼는 까닭에 선정을 잘 닦아 새어나가지 못하게 함이니, 이를 선정이라 하느니라. 유교경

_236. 행자는 항상 바른 지혜로 깊이 관찰해서, 마음이 그릇

된 미혹에 떨어지지 말도록 해야 한다. 부지런히 정념(正念)에 주(住)하여 외경(外境)에 집착하지만 않는다면 업장을 제거할 수 있을 것이다.

외도의 온갖 삼매는 견애(見愛), 아만의 마음을 떠나지 못하고 있으며, 그것은 세속의 명리, 공경 따위에 얽매여 있는 까닭임을 알아야 한다.

이에 비해 진여삼매(眞如三昧)의 경우는 견상(見相)에도 머물지 않고 득상(得相)에도 머물지 않는 터이므로 선정에서 나온 다음이라도 해만(懈慢 : 게으름)의 생각이 없게 마련이다.

따라서 온갖 번뇌가 점점 적어져 갈 것은 뻔한 일이다. 그러므로 범부로서 이 삼매법을 익히지 않고 여래종성(如來種性)에 들어간다는 것은 있을 수 없는 일이다. 기신론

_237. 온갖 것이 공(空)함을 깨달으면 모든 사물은 본래 생멸함이 없음을 알게 되어 마음 자체가 스스로 만족해지므로 몸과 마음을 분별해 보지 않게 되고 적멸·평등·구경·진실의 경지에 머물러 물러남이 없게 될 것이다.

만약 망령된 마음이 움직일 때는 이런 도리를 이해하여 따라가지 말아야 하며 망령된 마음만 그치게 되면 심원(心源)이 고

요하여 만덕(萬德)이 갖추어지고 묘용(妙用)이 무궁할 것이다.

_238. 온갖 경계는 마음이 그릇되게 움직여 일으켜 놓은 것들
이다. 그러므로 마음이 그릇되게 움직이는 것을 제거하면 온갖
경계가 저절로 없어지고 오직 하나의 진심이 두루 하여 아니
미침이 없게 된다. 석마하연론

산철쭉 / 진달래과 /
Rhododendron yedoense for. poukhanense (H.Lev.) Sugim

59. 외형에 얽매이지 마라

_239. 육근(六根)을 잘 거두어 소홀함이 없어서 눈으로 어떤 형태를 본다 해도 그 나타난 외형에 매이지 않은 채 깊고 고요한 해탈에 안주해야 한다. 이(耳)·비(鼻)·설(舌)·신(身)·의(意) 경우도 마찬가지다.

그리하여 항상 바른 지혜로 관찰하고 생각하기를, '이 삼업(三業)이 짓는 선근이 자리(自利)를 위함인가, 이타(利他)를 위함인가, 현세를 이익되게 함인가, 내세를 이익되게 함인가' 하여 이런 이익이 없는 것은 기필코 하지 말아야 한다.

세상에서 세워 놓은 석상같이 신(身)·구(口)·의(意)가 흔들리지 말아야 되는 것이니, 설사 욕을 먹는다 해도 응당 용서하는 마음을 지녀야 하며, 남이 자기의 이익을 침해하는 경우라도 분한 마음을 내서는 안 된다.

스스로 고요함을 구해 재앙이 없을 곳에서 결가부좌하고 정념으로 관찰해서 대비심으로 집을 삼고 지혜로 북을 삼아 깨달

음의 지팡이로 두들기면서 온갖 번뇌에게 이르기를 "너희들은
마땅히 알라. 모든 번뇌의 도둑이 다 망상으로부터 생겨나는
터인데 내 법신의 집에 좋은 일이 있으니, 너희들은 모름지기
빨리 나가라. 곧 나가지 않으면 너희 목숨을 끊겠다"고 하면 번
뇌의 도둑들이 스스로 물러나 흩어질 것이다.

부디 제 몸을 잘 지켜 소홀히 말 것이니 방편의 지혜로 대장
을 삼아 사념처를 지키게 하고, 본각(本覺)의 심왕(心王)이 최고
선정의 궁궐에 편안히 앉아 움직이지 않고, 지혜의 칼로 번뇌
의 도둑을 베어 생사의 군대를 깨트리고 악마를 꺾으며, 온갖
것을 짊어져 모든 중생으로 하여금 다 해탈할 수 있게 해야 한
다. 육바라밀경

_240. 정려(靜慮)를 닦는 사람에게는 다섯 가지 장애[五蓋]가 있
으니, 탐욕(貪慾)·진에(瞋恚)·도회(掉悔)·혼면(昏眠)·의개(疑
蓋)가 그것이다. 이 다섯 가지 번뇌를 제거해야만 비로소 선정
을 얻어 몸과 마음이 흔들리지 않게 된다.

1. 탐욕은 물에 비친 달과 같다. 물이 움직이면 달이 움직이듯

마음이 생기면 대상으로서의 사물이 생기게 마련이다. 탐욕의 마음도 이와 마찬가지여서 순간도 머물지 않고 빨리 일어나고 빨리 없어져 생사의 광야 중에 망령되이 욕경(欲境)을 인정해 집착하는 마음을 일으키는 바, 조금이라도 탐욕을 일으키면 곧 선정을 잃게 된다. 이것을 탐욕의 장애라고 한다.

2. 진에는 짐주[독한 술]를 마시는 것과 같다. 얼굴이 달라져 갖가지 추한 모습이 되고 몸과 마음을 떨며 남을 비방하여 자타를 괴롭히기 일쑤다. 이같이 노여움의 불이 마음을 태운다면 어떻게 선정을 닦을 수 있겠는가? 정려를 닦는 사람은 응당 이를 멀리해야 할 것이다.

3. 도회는 미친 사람과 같다. 몸과 마음이 혼란해져서 혹은 친척·도시·수명·고락 따위의 일을 기연(機緣)으로 하여 망령되이 마음을 일으켜 찾아 구하며 부질없이 선악의 생각을 낳아 자신이 한 일을 후회하게 한다. 이렇게 경솔히 움직이므로 고요해지지 못하는 것이다.

4. 혼면에 빠지는 사람은 지친 끝에 꿈을 꾸며 기지개를 켜면서 하품을 하고 졸음을 이기지 못해 경쾌하고 편안한 마음을 가림으로써 관혜(觀慧)에 지장을 주는 것이다.

5. 의개는 부처님의 가르침을 의심하는 것이다. 의혹을 지닌

사람은 늘 의심을 가슴에 품고 있으므로 일을 처리함에 결단을 못 내리고 육바라밀다인 보시·지계·안인(安忍)·정진·선정·지혜를 가로막아 삼세의 인과와 삼보의 성상을 다 나타나지 못하게 하고 있다. 이래서야 어찌 오묘한 선정을 낳을 수 있겠는가?

이 다섯 가지 번뇌(五蓋)로 말미암아 학행(學行)을 이루기 어려워지고 계·정·혜 삼학의 도리가 능히 밝아지지 않는 것이다. 그러므로 선정을 닦는 사람은 마땅히 이것들을 멀리하고 애써 정려를 부지런히 익혀야 한다. 육바라밀다경

60. 만덕(萬德)은 자기 행(行)의 그림자

_241. 나는 내 자신에게 귀의하고 남에게 귀의하지 아니하여 스스로 귀의하고 스스로 존중할 것이다. 그러므로 부처님은 내 존경의 대상이 아니다. 왜 그런가? 내가 부처님과 떨어져 있지 않고 부처님이 나와 떨어져 있지 않기 때문이다. 상액경

_242. 마음은 언제나 독자적인 존재여서 대립하는 것이 없고 짝이 없다. 대보적경

_243. 선악의 행위는 제 마음 때문에 하게 되는 것이다. 그리고 화복(禍福)이 사람 탓으로 생김은 마치 그림자가 형태를 따르고 산울림이 소리에 응하는 것과 같아서 계행과 덕은 저절로 응하게 되어 있다. 아난분별경

_244. 솜씨 있는 목수가 나뭇결을 알아보듯 지혜 있는 사람은 스스로 제 몸을 닦는다. 앙굴계경

_245. 미혹의 세계에서 이루어지는 행위는 인연에 속한다. 그러므로 지혜 있는 사람은 신(神)에 의지하지 않는다. 대지도론

_246. "선남자야, 비유컨대 여인이 빈천한 데다가 얼굴이 추해서 뭇 사람이 싫어하여, 장차 성왕이 될 귀한 아들을 잉태했건만, 그 여인은 그 사실을 모르고 세월 속에서 항상 열등감에 사로잡혀 제가 낳을 자식이 천하다는 생각을 하는 것과 같다."

온갖 중생이 윤회하면서 갖은 고통을 받고 있는 것을 여래가 관찰하니, 그 몸에 여래보장을 다 지니고 있으면서도 저 여인이 깨닫지 못하는 것처럼 모르고 있다는 사실을 발견하였다.

그러므로 여래가 널리 그들을 위해 설법하기를 "선남자야, 스스로 가벼이 여기고 스스로 낮추어 보지 말라. 너희들은 제 몸에 다 불성을 지니고 있는 터이니, 만약 부지런히 정진해 여러 잘못을 없애기만 한다면 누구나 보살과 세존의 명호를 받고 무수한 중생을 교화하여 구제하게 될 것이다"라고 하시었다. 여래장경

_247. 보살은 그릇됨이 없는 설(說)함과 그릇됨이 없는 법에 머물며, 말하는 것이 성실하며, 부처님의 가르침에 있는 대로

수행하여 신구의(身口意), 삼업을 청정하게 하고 온갖 잡념을 떠
난다.

_248. 보살은 반야바라밀다를 닦는 까닭에 아뇩다라삼먁삼보
리에 있어서 불퇴전의 경지를 얻어 악마의 무리가 엿볼 틈을
주지 않는다.
설사 삼천대천세계의 온갖 중생이 하나하나 모두 변해 악마
가 된다손 쳐도 그 수행자에게서는 엿볼 틈을 찾아내지 못한
다.

_249. 만약 보살이 위대한 뜻을 일으켜 최상의 반야를 실천,
수행한다면 성문 · 연각의 경지를 뛰어넘어 속히 부처님의 본
성을 깨닫게 되리라.

_250. 부처님의 가르침은 수행을 귀히 여기고 수행하지 않음
을 귀히 여기지 않는다. 그러므로 오직 애써 수행하면 비록 아
는 것이 적다 하더라도 깨달음에 먼저 들어간다.

7장

지혜 · 자비

숫잔대 / 초롱꽃과 / Lobelia sessilifolia Lamb

61. 부처님 지혜

_251. 해가 나오면 수미산 같은 아주 큰산을 먼저 비추고, 다음에 흑산을 비추고, 다음에 고원을 비추고, 그 다음에야 온갖 대지를 비추게 된다.

그러나 해에게 여기를 먼저 비추고 저기는 나중에 비추겠다는 차별의 생각이 있는 것은 아니다. 다만 땅에 높고낮음이 있으므로 비추는 데 선후가 생기는 것이다.

여래의 설법도 이와 같아서 가[邊]없는 법계의 지륜(智輪)을 성취하여 늘 막힘없는 지혜광명을 놓으실 제, 아주 큰산에 해당하는 보살을 먼저 비추고, 다음에 연각을 비추고, 다음에 성문을 비추고, 다음에는 결정선근(決定善根)의 중생을 비추어 그 마음의 그릇에 따라 광대한 지혜를 나타내신다.

그런 다음에야 온갖 중생과 사정(邪定)의 무리를 비추어 누구에게나 두루 지혜의 광명을 비추신다. 그러므로 저 여래의 큰 지혜광명에 차별이 있는 것은 아니다. 다만 광명을 놓으사 평등하게 두루 비추어 막힘이 없으시건만, 중생의 지혜와 복덕에 고하가

있으므로 비추는데 선후의 구별이 있게 되는 것이다. 화엄경

　_252.　마치 해가 솟아올라 비치는 경우, 소경은 눈이 없기에 보지는 못하지만, 햇빛의 혜택을 받는 것은 일반인과 똑 같다.
　여래의 지혜광명도 항상 비치고 있건만, 믿음이 없고 이해가 없어서 계율을 깨뜨려 그릇된 방법으로 살아가는 '소경' 같은 중생은, 믿음의 '눈'이 없기에 부처님 지혜의 '태양'을 뵙지는 못하나 그들도 부처님 지혜 '태양'의 혜택을 받는 것은 불자와 똑 같다.
　왜냐하면 여래가 위신력으로 저 중생의 온갖 신고(身苦)와 여러 번뇌, 그리고 미래의 고인(苦因) 따위를 다 없애고 선근을 얻게 하는 까닭이다. 화엄경

　_253.　온갖 물 중에서 으뜸인 것은 바다다. 여래의 지혜도 이와 같아서 여러 지혜 중 가장 깊고 크시다. 대보적경

　_254.　여래가 지닌 번뇌가 다한 지혜에는 네 가지 작용이 있다.
통(通)·명(明)·역(力)·시현(示現)이 그것이다.
통이란 더러움(번뇌)이 다한 것을 아는 작용이다.

명이란 더러움이 다한 것을 체득하는 작용이다.

역이란 더러움을 끊는 작용이다.

시현이란 그것은 설법해 나타내는 작용이다.

사람이 산마루에 서서 마을을 두루 내려다보면 사람들의 가고 앉고 드나들고 오가고, 노래하고 춤추고, 기뻐하여 웃는 모습을 다 볼 수 있다.

부처님께서도 그러하시다. 지혜의 산마루에 서서 오취(五趣) 중생의 간사한 자, 어리석은 자, 제도하기 어려운 자, 제도하기 쉬운 자를 다 분별하사 근기에 맞는 방편으로 교화하신다. 출요경

_255. 보살들은 본성이 진실하고 지혜가 막힘이 없어서 온갖 세계와 중생계를 능히 분별한다. 큰 지혜를 얻어 일체지(一切智)의 영역에 들어가 무량·무변한 법계의 일을 능히 분별한다. 온갖 국토에 집착이 없어서 모든 불국토를 능히 실현한다. 마음이 허공 같아 매임이 없으므로 능히 온갖 법계를 분별하며 불가사의한 깊은 삼매에 출입한다. 화엄경

62. 진실한 지혜

_256. 지혜가 있으면 탐착(貪着)이 없어지리니, 그러므로 늘 스스로 잘 살펴서 지혜를 잃지 않도록 해야 한다. 그렇게 하면 나의 가르침 가운데서 해탈할 수 있을 것이다. 만약 그렇게 하지 않는 사람이 있다면 승도 아니요, 속도 아니어서 무어라고 이름 붙일 수가 없다.

진실한 지혜는 노·병·사의 바다를 건너게 하는 견고한 배이며, 무명의 암흑을 비치는 밝은 등불이며, 온갖 병자를 고쳐 주는 좋은 약이며, 번뇌의 나무를 베어 쓰러뜨리는 날카로운 도끼이다.

그러므로 너희들은 항상 문(聞, 듣고)·사(思, 생각하고)·수(修, 닦음), 삼혜(三慧)로써 지혜를 계발하여 자기 지혜를 증대시켜 가야 한다.

만약 사람이 지혜로 보는 능력을 가졌다면 표면상으로는 천안(天眼)이 아닌 육안(肉眼)이라 할지라도 진실한 가르침을 밝게 보는 사람임에 틀림없다. 이것이 지혜다. 유교경

_257. 만약 지혜가 앞장서서 신(身)·구(口)·의(意) 삼업(三業)의 행위에 언제나 결함이 없으면 서원한 바가 뜻대로 실현되므로 널리 육도(六道)를 따라 몸을 나타낼 수 있다. 화엄경

_258. 보살은 지혜의 밝은 힘으로 온갖 미혹을 남김없이 청정하게 하고 일체지(一切智)의 심경에 안주하므로, 비록 오관(五官)의 욕망을 받아 가지고 있을지라도 항상 범천의 세계에 태어나게 된다. 선묘방편경

_259. 사우(師友)를 가까이 하여 배움에서 얻는 지혜를 늘려가야 한다. 저 지혜란 청정한 까닭에 그릇된 일에서 벗어나고, 청정한 진리를 탐구하기에 용맹해서 수승한 열반의 즐거움을 얻게 한다. 보살장정법경

_260. 지혜는 날카로운 칼과 같아서 탐애(貪愛)의 뒤엉킴을 끊는다. 그리하여 생사의 결박과 과실(過失)의 온갖 집결(集結)에서 벗어나게 해준다. 제법집요경

_261. 지혜 있는 사람은 스스로 잘 생각하여, 궁극의 깨달음

을 구하고 번뇌의 과실을 떠나 열반의 뛰어난 덕을 체득한다.
니건자문무아의경

_262. 부처님께서 사리불에게 이르셨다.

"이런 이야기가 있다. 한번은 사나운 불꽃이 온갖 마른 땔나무와 7일 동안에 걸쳐 크게 싸우기로 작정한 일이 있었다. 그래서 온갖 마른 나무와 풀들의 가지와 잎을 한 군데로 집결해 놓았다. 그 크기가 수미산 같았다. 한편 그때, 사나운 불꽃에게 한 친구가 걱정을 해 주었다.

'당신은 이 마당에 와서도 어찌해 스스로 제 몸을 아름답게 꾸미고만 있을 뿐, 도움을 청할 생각은 하지 않는가? 저 땔나무들은 엄청나게 많은 데 비해 당신은 오직 혼자뿐이니 어떻게 그들을 당해낸단 말인가?'

그러나 사나운 불꽃은 태연자약해서 '그들이 아무리 많다 해도 나 혼자의 힘으로 넉넉히 대적할 수 있다. 조금도 도움이 필요치 않다' 고 했다.

보살마하살도 마찬가지다. 온갖 번뇌가 모두 결합해서 그 형세가 아무리 대단하다 할지라도 보살의 지혜의 힘은 이를 능히 소멸시킨다." 대집경

63. 오로지 지혜를 닦자

_263. 아가타의 한 알의 약은 능히 큰 독(毒)을 깨뜨린다. 보살의 지혜 또한 마찬가지다. 작은 지혜의 약이 능히 끝없이 많은 큰 번뇌의 독을 깨뜨린다. 대집경

_264. 지혜를 닦아 의혹을 제거해야만 자기를 위해 보리를 구하는 동시에 중생을 위해 갈애의 강물에서 교량 구실을 해줄 수 있다. 대승비분타리경

_265. 미혹하여 지혜 없는 사람은 오온의 겉모양에 집착하여 자신의 근본성품을 이해하지 못한다. 이런 사람은 부처님을 뵙지 못한다. 화엄경

_266. 생(生, 나고) · 노(老, 늙고) · 병(病, 아프고) · 사(死, 죽고)의 사고(四苦)가 큰 바다라면 지혜는 밝은 등불이다.

온갖 얽힘과 얽매임〔纏結〕이 병이라면 지혜는 양약(良藥)이다.

번뇌가 가시나무 숲이라면 지혜는 날카로운 도끼다. 치에(癡

慧)가 흐르는 물이라면 지혜는 교량이다.

그러므로 지혜를 닦아야 한다. 불본행경

_267. 어리석은 사람이 익히는 것을 보면, 나쁜 짓을 늘 배워서 자기가 하고 있는 행위가 착한 일인지 악한 일인지 좋은 일인지 추한 일인지를 전혀 깨닫지 못하고 있다.

그리고는 무상(無常)의 변화하는 도리를 생각지 않은 채 오로지 일신을 지탱할 재산 모으기에만 열중하면서 '이만하면 천년이 가도 없어지지 않고 영구히 줄어들지 않을 것이다' 라고 한다. 심히 딱한 일이다. 출요경

_268. 장님은 아리따운 장식물을 얻어도 기쁨을 느끼지 못한다. 어리석은 사람도 마찬가지다. 비록 지극히 심원한 가르침을 만난다 해도 어리석음이 매우 심한 까닭에 그것이 미혹에서 벗어날 진리임을 깨닫지 못해 배울 생각을 전혀 하지 않는다. 대종지현문본론

_269. 비유컨대, 땅속에 온갖 보배의 곳집[倉庫]이 있어서 갖가지 진귀한 물건들이 꽉 차 있다. 지혜가 뛰어나고 통찰력이 탁

처녀치마 / 백합과 / Heloniopsis orientalis (Thunb.) Tanaka

월한 사나이는 땅에 묻힌 물건을 다 알아서 생각대로 자유로이 꺼내어 부모를 봉양하기도 하고 가난한 친척을 돕기도 하고 늙은이 · 병자 · 빈민을 고루 구제하지만, 지혜와 복덕이 없는 사람의 경우는 설령 보배의 곳집이 있는 장소에 이른다 해도 그 물건에 대해서는 알지도 보지도 못한 까닭에 아무런 이익도 취할 수 없다.

여러 대보살은 청정한 지혜의 눈이 있으므로 능히 여래의 불가사의하고 심원한 경지에 들어가며, 능히 부처님의 위신력을 뵈오며, 능히 온갖 법문에 들어가며, 능히 삼매의 바다에 노닐며, 능히 여러 부처님을 공양하며, 능히 바른 가르침으로 중생을 깨닫게 한다. 화엄경

64. 누구나 지혜의 배에 오르라

_270. 바른 지혜가 생겨나지 않으면 속게 마련이다. 오욕(五欲)은 급류와 같아서 한번 빠지면 벗어나기 어려우니, 오로지 지혜라는 이름의 배나 뗏목으로 그곳을 건너가야 한다. 어리석은 마음 탓으로 항상 온갖 욕망에 집착하게 되어, 오취(五趣) 중에 윤회하면 어찌 벗어날 수 있으랴? 제법집요경

_271. 부처님께서 비구들에게 이르셨다.

"십이인연의 근본이 되는 것은 어리석음〔愚癡: 無明〕이다. 실로 어리석음은 모든 죄악의 근원이요, 지혜는 모든 수행의 근본이니, 어리석음을 먼저 끊은 다음에야 마음이 흔들리지 않을 것이다." 법구비유경

_272. 청정한 믿음이 있어도 지혜가 결여된다면, 지혜 없는 믿음은 어리석음을 더욱 조장해서, 결국 더 큰 어리석음에 머물게 할 따름이다. 그러기에 지혜가 최고라고 말하는 것이다. 대비바사론

_273. 비록 백 년을 산다 해도 지혜가 없고 선정이 없으면, 하루만 산다 해도 지혜 있고 선정이 있는 사람만 못하다. 출요경

_274. 내가 모든 중생을 관찰한 바, 다 어리석음에 빠져 더럽혀지는 까닭에 악취(惡趣)에 떨어져서 윤회를 받고 있다. 그러므로 똑똑히 이 사실을 인식하여 길이 어리석음을 끊어버리는 사람이 있다면, 이런 사람은 깨달음을 얻어 다시는 생사를 받지 않게 될 것이다. 본사경

_275. 부처님께서 말씀하셨다.
"세상의 어리석은 사람들은 오직 남의 악을 볼 뿐, 자기 악을 알지 못하며, 오직 자기의 선을 볼 뿐, 남의 선을 볼 줄 모른다.
제 지혜를 자랑하는 자는 참으로 지혜 있는 사람이 아니며, 밝다고 자처하는 자에게는 오류가 많으며, 내가 경(經)을 안다고 장담하는 자는 믿을 것이 못 된다.

부처님의 지혜는 광대해서 가히 헤아릴 수 없는 것인데도, 견문(見聞)이 미미한 주제에 '족하다'고 여겨 스스로 자랑한다면, 이 어찌 지혜 있는 사람이라 할 수 있겠는가?

불도에 깊이 들어간 사람이 좋은 스승을 가까이해야, 참으로 지혜 있는 사람이 된다." 법률삼매경

_276. 부처님께서 아난에게 이르셨다.

"과거·미래·현재의 세상 속에서 어리석은 자에게는 재앙이 있지만 지혜 있는 자에게는 그것이 없으며, 어리석은 자에게는 장애가 있지만 지혜 있는 자에게는 그것이 없으며, 어리석은 자에게는 과실이 있지만 지혜 있는 자에게는 그것이 없게 마련이다.

그러므로 어리석은 자의 하는 일을 떠나 지혜 있는 자의 하는 일을 배우고 실천해야 한다. 아난아, 너는 응당 이를 배우라."

사품법문경

65. 불보살의 자비

_277. 부처님은 무수한 과거세에 걸쳐 중생을 위해 대비의 '바다'를 수습(修習 : 배우고 익혀서)하사 여러 중생을 따라 생사에 들어가 모든 사람들을 널리 구제해 청정케 하셨다. 부처님은 대비의 마음을 가지고 중생들이 삼유(三有) 중에 윤회하여 온갖 고통 받음을 관찰하신다.

"선남자여, 나는 그릇된 지혜를 지닌 중생에게 대비를 일으키며 악한 행동을 하는 중생에게 대비를 일으키느니라.

중생들이 밑 없는 생사의 큰 구덩이에 빠져 있거니, 나는 장차 어떻게 이들을 속히 건져내 일체지의 경지에 살 수 있도록 하랴.

중생들이 온갖 번뇌의 핍박을 받고 있거니, 나는 장차 어떻게 이들에게 구호를 베풀어 온갖 선법에 안주케 하랴.

중생들이 생로병사를 두려워하고 있거니, 나는 장차 어떻게 이들의 귀의처가 되어 주어 그 신심의 편안을 길이 얻게 하랴.

중생들이 세상의 온갖 공포의 핍박을 받고 있거니, 나는 장차 어떻게 이들을 도와 일체지의 도에 머물 수 있게 하랴.

중생들이 지혜의 눈이 없어서 항상 자신을 실제로 있는 듯 믿어 근심에 뒤덮여 있거니, 나는 장차 어떻게 방편을 써서 의심에 가리운 그들의 장막을 도려내게 하랴.

중생들이 항상 어리석음의 어둠속에서 갈팡대고 있거니, 나는 장차 어떻게 밝은 횃불을 만들어 일체지의 성품을 비쳐 이들로 하여 보게 하랴.

중생들이 항상 인색·질투·아첨·기만에 의해 더럽혀지고 있거니, 나는 장차 어떻게 그들의 지식을 완전케 하여 청정한 법신을 증득케 하랴." 불경

_278. 불자여, 보살은 열 가지로 중생을 관찰하여 대비를 일으킨다. 열 가지란 무엇인가?

1. 중생이 의지할 바 없고 믿을 곳 없음을 관찰하여 대비를 일으킨다.

2. 중생이 불성을 잘 따르지 않음을 관찰하여 대비를 일으킨다.

3. 중생이 가난하고 선근이 없음을 관찰하여 대비를 일으킨다.

4. 중생이 긴 밤 잠자는 것을 관찰하여 대비를 일으킨다.

5. 중생이 착하지 않은 일을 행하는 것을 관찰하여 대비를 일으킨다.

물질경이 / 자라풀과 / Ottelia alismoides (L.) Pers.

6. 중생이 오욕에 의해 결박됨을 관찰하여 대비를 일으킨다.

7. 중생이 생사의 바다에 빠짐을 관찰하여 대비를 일으킨다.

8. 중생이 질병에 길이 매였음을 관찰하여 대비를 일으킨다.

9. 중생이 착한 일을 하고자 하는 마음이 없음을 관찰하여 대비를 일으킨다.

10. 중생이 부처님의 여러 가르침을 상실하는 것을 관찰하여 대비를 일으킨다.

보살은 항상 이런 마음으로 중생을 관찰하느니라. 화엄경

_279. 선남자여, 여래의 대비는 생기는 일도 없고 없어지는 일도 없느니라. 온갖 공덕을 쌓고 성취하신 까닭이며, 언제나 존재하여 항상 온갖 중생을 버리지 않고 호념(護念)하시는 까닭이다. 무량 무변하여 다함이 없으시며, 심히 깊고 깊어 헤아릴 바 없으며, 견고하고 날카로워 들어가기 어려우니, 말로 능히 설하지 못할 바이니라. 수호국계주경

66. 보살의 자비심

_280. 보살은 비심(悲心)으로 보시에 전념하여 재물이 없을 경우라도 남이 구걸하는 것을 보면 없다고 차마 말하지 못하고 눈물을 떨군다. 괴로워하는 사람을 보고도 함께 아파하는 마음이 아니고서야 어찌 수행하는 사람이라 할 수 있겠는가?

비심이 많은 사람은 남이 괴로워하고 있다는 말만 듣고서도 가만히 있지 못하는데, 더욱 남의 괴로움을 목격하고서도 구제치 않는다는 것은 있을 수 없는 일이다.

비심이 있는 사람이라면 가난으로 힘들어하는 자를 보고도 도와줄 재물이 없을 때는 슬퍼하고 괴로워하며 고통받는 사람을 보고는 눈물을 흘릴 것이니, 그 눈물로 하여 그 마음의 부드러움을 알 것이다.

보살의 비심은 눈더미와 같다. 눈더미가 햇빛을 만나면 이내 녹듯이 보살의 비심의 '눈더미'는 괴로워하는 사람들을 보면 눈물이 되어 흐르는 것이다.

보살의 눈물에는 세 경우가 있다.

첫째는 공덕을 닦는 사람을 보면 사랑하고 존경하는 까닭에 눈물을 흘린다.

둘째는 괴로움을 받으며 공덕 없는 자를 보면 가엾이 여기는 까닭에 눈물을 흘린다.

셋째는 큰 보시를 행할 때에 비희용약(悲喜踊躍)하여 또한 눈물을 흘린다.

보살이 떨구는 눈물을 헤아린다면 사방의 바닷물보다도 많을 것이다.

세상의 중생이 친척에게 재물을 주고 눈물을 흘린다 해도 보살이 가난으로 고생하는 중생을 보고도 재물이 없어 보시할 수 없어서 흘리는 눈물만은 못하다. 대장부론

_281. 부처님께서 문수사리 보살에게 이르셨다.

"마치 양의(良醫)가 여러 가지 병을 치료함에 있어 국왕·대신·부호·거사·빈민을 구별하여 차별함 없이, 오직 어떻게 이 사람들의 병을 고쳐 줄까 하고 늘 생각하듯이 보살도 항상 중생을 향해 대비의 마음을 일으키며 평등한 생각을 가지고 온 갖 중생이 부처님의 가르침을 받들어 행하여 끊어짐이 없도록 하느니라." 이업장경

_282. 사리자여, 보살들의 대비는 다함이 없느니라. 왜냐하면 대비는 온갖 가르침의 선도(先導)가 되기 때문이다. 마치 사람의 생명은 호흡이 선도가 되는 것과 같으니 대승법문의 광대한 수집도 마찬가지여서 보살의 대비가 선도 구실을 하느니라. 불경

_283. 선남자여, 보살은 대비의 방편을 가지고 여러 세계에 들어가 깨닫지 못한 자를 계발하며 가지가지 모습과 역순(逆順)의 경계를 두루 나타내어 그들과 같은 일을 해가면서 교화해 성불시키나니, 이는 다 무시의 옛날에 세운 청정원력(淸淨願力)에 의존함이니라. 원각경

_284. 보살은 비심이 견고하여 온갖 중생을 구할 때 괴롭다는 생각이 조금도 없으며, 일단 구하고 나서도 구했다는 생각 또한 없다. 모든 중생을 버리는 일 없이 어려운 일을 애써 행한다. 신력법문경

67. 부처님의 자비방편

_285. 선남자여, 여름에 구름·우레·번개가 일어나면 반드시 큰비가 와서 온갖 곡식과 초목이 젖게 마련이다. 이제 여래도 그와 같아서 대열반의 미묘하고 비밀한 법운(法雲)을 일으키고 큰 법음(法音)을 울리며 감로의 법우(法雨)를 반드시 오게 하여 중생을 안락하게 할 것이다. 대반니원경

_286. 부처님께서 말씀하셨다.

"나는 너희들 제천(諸天)과 사람들을 가엾이 여김이, 부모가 자식 생각하는 것보다 더하다. 그래서 지금 나는 이 세상에서 부처가 되어 오악(五惡)을 항복받아 고치게 하며, 오통(五痛)을 제거하며, 오소(五燒)를 없애며, 선을 가지고 악을 쳐서 생사의 고통을 뿌리뽑고, 오덕(五德)을 얻어 무위(無爲)에 편히 오르게 하느니라." 무량수경

* 오악 : 살생·투도·사음·망어·음주.
오통 : 오계를 어긴 자가 받는 다섯 가지 현세의 죄보 또는 고통.

오소 : 오계를 어긴 자가 죽어서 받는 심한 고통을 불에 타는 것에 비유한 말.
오덕 : 세존이 『무량수경』을 설하려고 대적정에 들어 다섯 가지 상서를 나타
　　낸 것을 일컫는 말.

_287. 부처님께서는 자신이 미혹을 떠나셨으므로 다른 사람
도 미혹을 떠나게 하신다. 자신이 선정을 얻으셨으므로 다른
사람도 선정을 얻게 하신다. 자신이 피안에 건너가셨으므로 다
른 사람도 피안에 건너가게 하신다. 자신이 해탈하셨으므로 다
른 사람도 해탈케 하신다. 자신이 멸도(滅度)를 얻으셨으므로
다른 사람도 멸도를 얻게 하신다. 장아함경

_288. 부처님은 중생들의 병의 차이를 따라 모두 법약(法藥)으
로 고치시며 중생들의 마음의 소원을 따라 모두 방편으로 만족
하게 하신다. 화엄경

_289. 부처님께서 제자에게 이르셨다.
“연금사가 한 종류의 금을 가지고 생각에 따라 가지가지의 영락
을 만들며, 자물쇠 · 고리 · 비녀 · 사슬 · 천관(天冠) 따위의 여러
형태도 만든다. 그러나 그 어느 하나도 금을 떠난 것은 없다.
　여래도 마찬가지여서 하나의 불도(佛道)를 가지고 중생을 따

자란 / 난초과 / *Bletilla striata* (Thunb. ex Murray) Rchb.f.

라 가지가지로 분별하여 설하시니, 예를 들면 하나의 식(識)을 분별해서 육(六)이라 설하고, 하나의 색(色)을 분별해서 육(六)이라 설하는 것이다. 이는 여래께서 자비로 중생을 위해 짐짓 분별해 보이신 것이니라."열반경

_290. 문수사리여, 여래는 중생들을 가엾이 여기시는 까닭에 세상에 나타나시며, 중생들을 이롭게 하기 위해 세상에 나타나시며, 중생들을 안락하게 하기 위해 세상에 나타나신다.

중생들의 종성(種性)과 소원에 차별이 있어, 각기 같지 않으므로 여래께서 그 소망을 따라 갖가지 상호의 몸을 나타내서 설법 교화하여 불법 속에 들어가 도를 성취케 하시느니라. 대승백복장엄론

_291. 부처님께서는 중생의 심성이 각기 다름을 아시어 거기에 맞추어 제도하시는 바, 이렇게 설법하신다.

인색한 자에게는 보시를 찬양하시며, 금계(禁戒)를 깨뜨리는 자에게는 계를 찬양하시며, 노여움이 많은 자에게는 인욕을 찬양하시며, 게으른 자에게는 정진을 찬양하시며, 마음이 어지러운 자에게는 선정을 찬양하시며, 어리석은 자에게는 지혜를 찬

양하시며, 불인(不仁)한 자에게는 인자함을 찬양하시며, 노하여 해치는 자에게는 대비를 찬양하시며, 우울해 하는 자에게는 기쁜 마음으로 사는 것을 찬양하시며, 마음이 비뚤어진 자에게는 집착을 버리는 일을 찬양하신다.

이렇게 순서를 따라 차례로 닦아 중생들에게 여러 불법(佛法)을 두루 갖추게 하신다. 화엄경

_292. 부처님께서는 세상의 온갖 활동을 나타내사, 중생을 교화하시되 싫증냄이 없으시며, 중생들 마음의 소원을 따라 온갖 몸을 나타내신다.

부처님께서는 때에 따라 범부의 몸을 나타내시며, 혹은 성인의 행을 나타내시며, 혹은 생사를 나타내시며, 혹은 열반을 나타내시기도 한다.

부처님께서는 온갖 행위를 잘 관찰하사 갖은 장엄사(莊嚴事)를 나타내 보이시되 탐착하지 않으시고 제취(諸趣)에 두루 들어가사 중생을 제도하시니, 이는 방편바라밀다를 청정하게 하심이다. 화엄경

_293. 불자여, 보살은 설사 삼천대천세계에 있는 모든 중생이

그 앞에 함께 나타나 각각 끝없이 긴 말로 질문하고, 그 하나하
나의 질문이 각각 다른 경우라도 일념 사이에 다 이해하여 이
에 동일한 말로 설명하면서도 중생들의 마음에 바라는 바를 따
라 제 각각 기쁨을 얻게 한다.

심지어 이루 말할 수 없고 다시 이루 말할 수 없는 수의 세계
속에 가득한 중생일지라도, 보살은 능히 그 소망을 따르고 능
력을 따르고 이해력에 따라 법을 설하여 부처님의 신력을 받아
서 불사를 널리 일으킴으로써 온갖 중생의 의지하는 바가 되시
느니라.화엄경

_294. 불자여, 보살은 보시수행을 통해 중생을 완성으로 이끌
어간다. 색신(色身)으로 중생을 완성으로 이끈다. 설법으로 중생
을 완성으로 이끈다. 동행(同行)으로 중생을 완성으로 이끈다.
염착(染着)이 없는 것으로 중생을 완성으로 이끈다. 보살행을 가
르치는 것으로 중생을 완성으로 이끈다. 불법의 큰 위덕을 나
타내는 것으로 중생을 완성으로 이끈다. 가지가지 신통, 변현
(變現)으로 중생을 완성으로 이끈다. 가지가지 미묘하고 비밀스
러운 교묘한 방편으로 중생을 완성으로 이끈다.

보살이 이것들을 가지고 중생계를 완성으로 이끄느니라. 화엄경

_295. 보살은 중생의 능력을 알며, 그들의 인연을 알며, 그들의 마음의 움직임을 알며, 그들의 바라는 바를 알아서 가르침을 설한다.

탐욕 많은 사람에게는 그것의 부정함을 설한다. 성내기 잘하는 사람에게는 대비를 설한다. 매우 어리석은 사람에게는 부지런히 온갖 사물을 관찰하도록 가르친다. 삼독이 많은 사람에게는 승지(勝智)의 법문을 성취케 한다. 생사[윤회]를 즐기는 자에게는 삼고(三苦)를 설한다. 모든 존재[諸有]에 집착하는 사람에게는 공(空)의 이치를 설한다. 게으른 사람에게는 크게 정진할 것을 설한다. 아만을 지닌 사람에게는 평등의 이치를 설한다. 아첨 잘하는 사람에게는 보살심을 설한다. 마음이 곧고 깨달음을 바라는 사람에게는 자세히 설하여 성취케 한다. 화엄경

* 승지: 모든 분별을 떠난 지혜.
  삼고: 중생이 겪는 세가지 괴로움. ① 고고(苦苦)- 극심한 추위나 더위, 통증·갈증 등과 같이 몸으로 느끼는 감각적인 괴로움. ② 행고(行苦)- 변해가는 현상을 보고 느끼는 괴로움. ③ 괴고(壞苦)- 애착하는 대상이 파괴되어 없어짐으로 받는 괴로움.

8장

생활 〔戒律〕

노루귀 / 미나리아재비과 / Hepatica asiatica Nakai

68. 부처님은 다 알고 다 보신다

_296. 부처님께서 수보리에게 이르셨다.

"여래가 멸도에 든 뒤, 후오백세에 이르러 계를 가지고 복을 닦는 자가 이 글귀에 신심을 내며 이로써 실다움을 삼으리라. 마땅히 알라. 이 사람은 일불(一佛)이나 이불·삼불·사불·오불에게 선근(善根)을 심었을 뿐만 아니라, 이미 일념으로 조출한 믿음을 내는 자이니라. 수보리야, 여래는 이 모든 중생들이 이와 같이 한량없는 복덕을 얻는 것을 다 알며 다 보느니라."
금강경

_297. 부처님께서 사리불에게 말씀하셨다.

"사리불아, 선남자·선여인은 마땅히 자신이 이 깊은 반야바라밀다를 글로 쓰고, 수행함은 모두가 시방의 많은 부처님의 힘이라고 생각해야 한다."

사리불이 말씀드렸다.

"세존이시여, 그렇다면 어떤 선남자·선여인이 이 깊은 반야바라밀다를 글로 쓰고, 수행하는 이 모두가 부처님의 힘 때문이고, 이 사람은 마땅히 많은 부처님의 옹호를 받고 있다고 알아야 하겠습니까?"

부처님께서 말씀하셨다.

"그렇다, 과연 그러하다. 사리불아, 만약 어떤 선남자·선여인이 이 깊은 반야바라밀다를 글로 쓰고 나아가 수행하는 이 모두는 부처님의 힘 때문이라고 마땅히 알아야 하고, 또한 많은 부처님의 옹호를 받고 있기 때문이라고 마땅히 알아야 한다."

사리불이 말씀드렸다.

"세존이시여, 시방에 현재 계시는 한량없고 가없으며 헤아릴 수조차 없는 많은 부처님은 모든 것을 알며, 모두가 부처님 눈〔佛眼〕으로 이 선남자·선여인이 이 깊은 반야바라밀다를 글로 쓰는 때와 나아가 수행하는 때를 보고 계십니다."

부처님께서 말씀하셨다.

"그렇다, 정말 그러하다. 사리불아, 시방에 현재 계시는 한량없고 가없으며 헤아릴 수조차 없는 많은 부처님은 모든 것을 알며, 모두가 부처님 눈〔佛眼〕으로 이 선남자·선여인이 이 깊은 반야바라밀다를 글로 쓰는 때와 나아가 수행하는 때를 보고 있다.

사리불아, 이러한 가운데서 보살도를 구하는 선남자·선여인이 이 깊은 반야바라밀다를 글로 쓰고 받아 지니며, 독송하고 바르게 사유하며, 설한 대로 수행한다면, 이 사람은 아뇩다라 삼먁삼보리에 다가섬이 멀지 않았다고 마땅히 알아야 한다.

사리불아, 선남자·선여인이 이 깊은 반야바라밀다를 글로 쓰고 받아 지니며 독송하고, 나아가 바르게 사유하면 이 사람은 이 깊은 반야바라밀다에 대하여 믿고 이해함이 많은 것이고, 또한 이 깊은 반야바라밀다를 공양·공경·존중·찬탄하고 꽃이나 향·장신구 내지 깃발·일산을 공양한다.

사리불아, 많은 부처님은 전부를 알며, 모두가 부처님 눈으로 이 선남자·선여인이 공양의 공덕으로 마땅히 큰 이익과 큰 과보 얻음을 보고 있다.

사리불아, 이 선남자·선여인은 이 공양의 공덕인연에 의하여 결코 악도(惡道)에 떨어지지 않고 나아가 보살의 물러나지 않는 경지에 이를 때까지 마침내 많은 부처님을 멀리 여의지 않게 된다."

부처님께서 사리불에게 이르셨다.

"명의(名醫) 기바가 대지를 두루 관찰하면 온갖 초목이 약 아닌 것이 없다. 반야바라밀다를 수행하는 보살도 그러해서 온갖 사물을 바라봄에 보리[깨달음] 아님이 없느니라." 마하반야바라밀경

69. 계법(戒法)은 훌륭한 뱃사공

_298. 계(戒)는 시원한 물과 같으니, 깊고 넓어 온 누리에 가득〔深廣彌滿〕해서 지계자(持戒者)의 신심의 더러움을 씻어 준다. 계는 진기한 보배와 같으니, 착한 사람들은 이를 귀중히 앎으로써 온갖 과실에서 영영 떠난다. 계는 좋은 말〔馬〕과 같으니, 착한 사람들은 이를 타고 진실하게 사유해서 쾌락적인 과보에 매이지 않는다. 제법집요경

_299. 만약 어떤 사람이 부처님 정계(淨戒)의 향(香)을 받아 지닌다면〔受持〕, 천신들이 널리 이 냄새를 맡고 다 사랑과 존경을 보낼 것이다.

이같이 청정한 계를 완전히 지켜서 늘 여러 선법을 실천하면, 이런 사람은 능히 세상의 구속에서 해방되어 온갖 번뇌로부터 떠날 수 있게 된다. 계향경

_300. 계는 위대한 뱃사공이니, 능히 생사의 바다를 건네 준다. 계는 시원한 못이니, 온갖 번뇌를 씻어낸다. 계는 두려움을

없애는 술법이니, 사해(邪害)의 독을 제거한다. 계는 무상(無上)의 반려이니, 험악한 길을 통과하게 한다. 계는 감로의 문이니, 성자들의 근거처(根據處)다.

그러므로 계를 받아 지녀서[受持] 마음에 동요가 없고 전념해 포기하지 않으며 바른 계상(戒相)을 헐뜯지 않고 또 삿된[邪命] 마음이 없고 보면, 이를 일러 청정한 계라고 하는 것이다. 승지율

_301. 계를 손상하는 사람은 당연히 모든 악도의 문으로 가게 되고, 계를 받들어 실천하는 사람은 당연히 온갖 선처(善處)의 문으로 가게 된다. 문수사리정율경

_302. 내가 모든 중생을 관찰하니, 계를 깊이 생각하지 않는 탓으로 악취(惡趣)에 도로 떨어져 윤회를 받고 있다. 이와는 달리, 이 도리를 잘 알아서 길이 계를 마음에 새겨 잊지 않는 자가 있다면, 그는 기필코 불환과(不還果)를 얻어서 이 세상에 다시 태어나는 일이 없을 것이다. 본사경

* 불환과 : 욕계(欲界)의 수혹(修惑)을 완전히 끊은 성자. 이 성자는 미래에 색계 · 무색계에 이르러 다시 욕계로 되돌아오지 않는다고 하여 불환(不還)이라 한다.

_303. 사리자여, 보살마하살에는 열 가지 청정한 계행이 있나니, 무엇이 열인가?

첫째는 보살이 모든 계행을 견지해 깨뜨리지 않음으로써 무명의 어지럽힘을 입지 않음이다.

둘째는 계행을 견지함으로써 온갖 결점을 끊고 모든 괴로움이 나지 않게 함이다.

셋째는 계를 견지함으로써 번뇌잡염(煩惱雜染) 따위 것들을 다 떠남이다.

넷째는 계를 지킴이 청정함으로써 항상 선법을 떠나지 않음이다.

다섯째는 온갖 계를 지킴으로써 늘 평등의 도리를 실천해 마음내키는 대로 자재할 수 있음이다.

여섯째는 계를 견지함으로써 온갖 성자(聖者)를 비방함이 없음으로 안온한 경지를 얻음이다.

일곱째는 계를 견지함으로써 온갖 과실을 떠남이다.

여덟째는 계를 견지함으로써 육근(六根)을 세밀히 수호하여 망령된 작용이 일지 않게 함이다.

아홉째는 계를 견지함으로써 육근을 지켜서 처음 · 중간 · 끝의 어느 때에 있어서나 다 기능이 완성되게 함이다.

　열째는 정념(正念) 중에 모든 계를 널리 지켜 남김이 없어서
다 원만하게 함이다.

　보살은 이 열 가지 일을 다 완성하느니라. 보살장정법경

70. 방일(放逸)을 멀리하라

_304. 차라리 목숨을 버려 죽음으로 달려갈지언정 마음을 방종하게 가져서 계율을 어기는 일이 있어선 안 된다.

만약 사람이 목숨을 버리는 경우에는 다만 일생을 파괴하는 데 그치거니와, 계를 깰 때에는 백만생(百萬生)에 걸쳐 악도에 잠길 것이기 때문이다. 대승계경

_305. 옛날에 한 어리석은 사람이 있었다. 그는 몹시 목이 말랐으므로 물을 찾아 헤맨 끝에 큰 강물에 이르렀는데, 멍청하니 물을 대하여 선 채 정작 마시려고는 하지 않았다. 옆에 있던 사람이 물었다.

"그대는 목이 마르다 해서 물을 찾더니, 이제 물이 있는 곳에 왔는데도 안 마시는 것은 무슨 까닭인가?"

그 사람이 대답했다.

"그대가 이 물을 다 마실 수 있다면 나도 마시겠다. 이 물이 너무 많아 그대나 나나 다 마실 수는 없게 되어 있다. 그래서 나는 마시지 않는다."

노랑제비꽃 / 제비꽃과 / Viola orientalis (Maxim.) W.Becker

그때 이 말을 들은 여러 사람들은 크게 비웃었다고 한다.

비유컨대, 외도(外道)가 그 그릇된 이론을 편벽되게 취해 지닌 다음, 자기네로서는 불계(佛戒)를 다 지켜낼 힘이 없다는 이유로 받기를 외면함으로써 미래에 득도하리라는 결정이 없는 채 윤회를 계속하고 있다,

이는 저 어리석은 사람이 물을 보고도 마시지 않아서 일시에 웃음거리가 된 것과 같다 할 것이다. 백유경

_306. "너희들 비구는 계에 머물 수 있게 되거든, 마땅히 계로서 오근(五根)을 제어함으로 방일하여 오욕(五欲)에 빠져드는 일이 없도록 해야 할 것이니, 마치 소치는 사람이 막대기를 들고 감시함으로써, 소가 멋대로 날뛰어 남의 곡식을 못 먹게 해야 하는 것과 같다.

만약 오근을 제멋대로 내버려둔다면 비단 오욕에만 그치는 것이 아니라 결국은 끝없이 번져가서 제어할래야 제어할 수 없게 될 것이니, 마치 사나운 말을 고삐로 견제하지 않을 경우 말 쪽에서 도리어 사람을 끌고 가 구렁에 빠뜨리는 것과 같으니라." 유교경

_307. 보살은 세속에서 살아가는 경우라 할지라도 정욕(情欲)에 집착하지 않고 온갖 욕망의 대상에 애요(愛樂, 사랑하고 즐기는 것)의 정을 일으키지 말아야 한다. 설사 여러 욕구를 느끼는 때라 할지라도 늘 두려워할 줄 알아서 조심해야 한다.

마치 어떤 사람이 도둑이 들끓는 위험한 곳을 지나가는 경우 그곳에 비록 마시고 먹을 것이 있다 해도 사뭇 두려워서, 언제나 이 위험한 곳을 빨리 벗어날까 하고 생각해야 하는 것과 같이 해야 한다.

보살도 마찬가지여서 비록 세속에서 살아야 하기 때문에 여러 욕망을 느껴야 할 처지에 있기는 해도, 늘 이런 욕망 때문에 저지르는 과실이야말로 온갖 괴로움의 근본임을 깨달아 애요(愛樂)의 정을 일으키지 말고 오히려 이를 두려워하여 내버릴 줄 알아야 한다. 불모출생경

_308. 사람이 만족할 줄 모른다면 자꾸만 더 많은 것을 구해서 죄악만 키우는 결과가 된다. 보살은 그렇지 않아서 늘 만족하고자 염(念)하고, 가난 속에도 안주(安住)하여 도를 지켜, 오직 지혜 닦는 일에만 정진해야 할 것을 안다. 팔대인각경

71. 지옥에 떨어질 허물

_309. 우타연 왕이 부처님께 여쭈었다.

"제가 여인의 말에 속아 세존을 해치려 하였사오니 여인이 큰 해독임을 믿게 되었습니다. 원컨대 여자의 큰 해독을 제거해 주시옵소서."

부처님께서 왕에게 이르셨다.

"왕이여, 여인의 허물을 묻고자 할진대 먼저 남자의 허물을 물어야 할 것입니다. 남자에게는 네 가지 과실이 있는 탓으로 여인에게 속게 됩니다.

첫째는 애욕에 마음껏 탐닉하기 때문에 사문을 가까이 해서 청정계(淸淨戒)를 받아 착한 행을 닦지 아니하며, 나의 가르침을 받은 사람이라도 믿음이 깊지 못한 경우에는 여인의 가무(歌舞) 희소(喜笑)를 좋아하여 끝내 어리석은 자가 하는 일을 익히게 되는 일입니다.

둘째는 부모는 아들을 이롭게 하고 즐겁게 하기 위해 어리석음을 견디며, 또 속히 키우기 위해 젖 먹여 양육하기에 피로도 잊습니다. 고생해 얻은 재물로 아들에게 필요한 물품을 공급하건만 아들은 여인 때문에 늙은 부모의 뜻을 거슬러가며 온갖 재물을 소비하고 심지어는 부모가 거처하는 집을 팔거나 부모를 집에서 내쫓는 일입니다.

셋째는 사견(邪見: 삿된 견해)을 지어 몸의 파멸을 돌보지 않고 스스로 자신을 속여 가며 많은 여인을 탐하는 일입니다.

넷째는 바른 일을 위해서는 재물을 아끼고 여인을 위해서는 재물을 아끼지 않으며, 심지어는 여인의 조롱과 모욕, 구타와 질책도 달게 받아서 혹시 여인이 수심(愁心)에라도 싸여 있는 듯 할 때에는 어떻게 기쁘게 해줄까 하는 데만 마음을 쓰는 일입니다.

남자가 이럴 경우에는 여인의 말에 속아 걷잡을 수 없게 되는 것이지만 남자 쪽에서 마음을 바르게만 갖는다면 어찌 여인에게 속아 넘어가며 여인을 탓하겠습니까?"

왕은 듣고 크게 기뻐하였다. 그리하여 삼보에 귀의해 우바새가 되었다. 대보적경

_310. 보살마하살은 마땅히 여인의 몸에 욕정을 일으키면서 설법하지 말아야 하며 또 여인 만나기를 즐기지도 말아야 한다. 또 남의 집에 갔을 경우 여아·처녀·과부와는 함께 말하

지 말아야 한다. 법화경

_311. 사람이 재물과 여색을 버리지 않는 것은 마치 칼날에 묻은 꿀에 입을 대는 것과 같아 한 입이라도 대서는 안 된다. 이는 어린애가 칼날을 핥으면 혀가 베어지는 재앙이 따르는 것과 같다. 사십이장경

_312. 명리(名利)를 탐하든가 여인과 가까이 지낸다면, 그런 사람은 승려도 속인도 아니다. 바로 불법 속의 도둑이라 해야 한다. 제법집요경

_313. 사나워서 남의 여인을 침범하면 죽어서 철자림 지옥에 떨어진다. 육취윤회경

72. 몸과 마음을 깨끗하게 닦아라
―부처님의 자식교육

_314. 부처님 당시, 라훌라〔부처님의 세속 아들〕존자가 아직 깨달음을 얻지 못했을 때의 일이다. 그의 마음은 거칠고 말에는 진실이 모자랐다. 그래서 부처님께서는 라훌라에게 "너는 현제정사에 가 머물면서 말을 조심하고 마음을 바르게 유지하여 부지런히 구족계를 닦도록 하라" 하고 분부하셨다. 라훌라는 분부를 받자 절하고 물러나 현제정사에 가 머물면서 90일 동안 부끄러워하고 뉘우쳐 밤낮을 안 가리고 수행에 열중했다.

하루는 부처님께서 찾아가셨다. 라훌라는 기뻐하여 달려와 부처님께 절하고 승상의 편안한 자리를 드리며 앉으시기를 청했다. 부처님께서는 승상에 걸터앉으시어 라훌라에게 이르셨다.

"그릇에 물을 떠다가 내 발을 씻어 주려무나."

라훌라는 분부대로 부처님의 발을 씻어 드렸다. 발을 다 씻은 부처님께서 라훌라에게 말씀하셨다.

"발을 씻은 저 그릇 속의 물을 보느냐?"

라훌라가 대답했다.

"네, 보나이다."

방울꽃 / 쥐꼬리망초과 / Strobilanthes oliganthus Miq

"이 물을 마시고 양치질할 수 있겠느냐?"

"그런 일에 다시 쓸 수는 없겠나이다. 왜냐하면, 이 물은 본래 깨끗했사오나 이제 발을 씻음으로 말미암아 더러워졌기 때문입니다. 그러므로 다시 쓸 수 없겠나이다."

부처님께서 라훌라에게 이르셨다.

"너 역시 마찬가지니라. 내 아들인 너는 국왕의 손자로 태어나 일단 세속의 부귀를 버리고 사문이 되기는 했으나 정진에 마음을 쓰지 않아 삼독의 때가 가슴을 채워 너를 더럽혀 놓았다. 그러니 이 물을 다시 쓸 수 없는 것과 같지 않느냐?"

다시 부처님께서는 그릇의 물을 버리도록 분부하시고 라훌라에게 이르셨다.

"물을 버렸으므로 그릇이 비어 있다. 그러나 거기에 음식을 담을 수 있겠느냐?" "못하옵니다. 왜냐하면 빈 그릇이기는 해도 이미 더러움을 받았기 때문입니다."

부처님께서 이르셨다.

"너 또한 그러하니라. 비록 사문이 되었다고는 하나 말이 성실치 못하고 마음이 완강해서 정진에 마음을 쓰지 않으므로 나쁜 평판을 이미 받았으니 저 그릇에 음식을 담을 수 없는 것과 마찬가지가 아니냐?" 법구비유경

73. 술 마시는 허물

_315. 술을 가까이 하면 뛰어난 지혜가 생기지 않아서 해탈분(解脫分)이 없게 된다. 그러므로 항상 술을 멀리해야 한다.

음주를 즐기면 자연 세속 일 말하기를 좋아하여 다언(多言)이 되어 서로 분쟁을 일으키게 된다. 그러므로 항상 술을 멀리해야 한다.

술을 마시면 재물을 없애고 혼미하며 게으르게 된다. 이런 과실이 따르므로 항상 술을 멀리해야 한다.

술로 해서 탐·진·에(恚)가 생기고 어리석음(癡)이 더욱 늘게 된다. 그러므로 항상 술을 멀리해야 한다.

술은 재앙의 근본이다. 술에 취하면 감각기관들이 어지러워지기 때문에 높은 소리로 웃는다든가 사나운 말을 해서 선량한 사람을 해치게 된다. 그러므로 항상 술을 멀리해야 한다.

사람이 술 때문에 어지러워지면 죽은 듯이 흠뻑 취하여 즐거움이 오래 지속되기를 구하나 불행을 더하는 것일 뿐, 이 무슨 이익이 있으랴. 이는 온갖 환난의 근본이요, 재앙의 근원일 따름이다. 그러므로 항상 술을 멀리해야 한다.

술은 독 중의 독이요 병 중의 고질이다. 그러므로 술을 마시는 것은 괴로운 터에 다시 괴로움을 더하는 것이 된다.

술은 날카로운 도끼 같아서 능히 온갖 선근을 손상시킨다. 술을 좋아하는 자는 부끄러움조차 모르므로 남의 경멸을 받게 된다. 술은 금파과(金播果)와 같아서 처음 먹을 때는 맛있지만 뒤에 가서는 독이 된다.

술을 즐기는 사람은 갈대꽃과 같아서 멀지 않아 스스로 버려지게 된다. 음주는 한 가지 잘못이긴 해도 온갖 악을 낳는다. 그러므로 마땅히 억제하고 금해야 한다. 제법집요경

_316. 부처님께서 비구에게 이르셨다.

"만약 원한을 멀리하고자 하면 일체 술을 마시지 말고 계법(戒法)을 수행해야 할 것이다. 술의 과실은 선법을 파괴하며 뛰어난 지혜를 깨뜨리며 마음의 편안한 상태를 잃어버리며 선우(善友)를 멀리하며 온갖 병을 낳는다.

술의 과실은 해탈을 파괴하며 원수가 기회를 얻으며 재물을 없애며 비법(非法)을 키우며 진귀한 재보를 멀리하며 시비를 어지러이 말하며 마음의 어지러움을 더욱 늘리며 탐심과 성냄을 낳는다.

무명을 키우며 충실을 거짓으로 바꾸며 숨은 것을 드러내며 번뇌를 더욱 늘리며 지옥을 달성하고 선근을 태운다. 삼보를 믿지 않으며 나쁜 평판을 퍼뜨리고 향을 고약한 냄새로 바꾸며 삼도(三塗: 악한 일을 저지른 중생이 그 과보로 받는다고 하는 세 가지 미혹한 생존, 첫째 火塗 지옥의 생존, 둘째 刀塗 아귀의 생존, 셋째 血塗 축생의 생존)를 끌어낸다.

술은 이런 갖가지 잘못이 있으므로 멀리해야 하느니라. 묘법성념처경

_317. 지혜로운 사람은 응당 술을 마시지 말아야 한다. 왜냐하면 술은 자제심을 잃게 하는 일이 많아서 바른 위의를 가지는 데 장애가 되며 세간과 출세간의 도리를 모두 잃게 하기 때문이다. 보살행변화경

_318. 술에는 여섯 가지 이변이 있다. 여섯 가지란 무엇인가?

재물을 소비하는 일, 병이 나는 일, 싸움을 일으키는 일, 성을 많이 내는 일, 명예가 실추되는 일, 지혜를 손상하는 일이 그것이다.

이런 악이 있으면 사업이 망하게 되며 재물은 얻지 못하고

얻은 재물은 모두 없애게 되어 과거에 지녀 오던 것을 탕진하게 된다. 양생자경

_319. 술을 마시면 방자한 행동이 많아지므로 현세에서는 늘 어리석어 온갖 일을 잘 잊는다든가 항상 현인의 꾸지람을 듣게 되고, 내세에서도 둔해서 온갖 공덕을 잃는 결과가 온다. 그러므로 슬기로운 사람은 음주의 과실(過失)을 멀리 한다. 니건자경

* 세상에서는 즐거워도 술 마시고, 속상해도 술 마시고, 불안해도 술 마시고, 행복해도 술 마신다. 술과 연결된 삶이다. 그러나 술은 지혜를 어둡게 하고 의지의 고리를 허물며 심신을 어지럽히는 손잡이다. 특히 격한 감정, 정신적 초조, 불안한 감정이 생기면 술로 풀려 하거나 달래는 경우가 많다. 또한 서로 화합하여 마음의 긴장상태나 대립의 무장상태를 풀고 화평한 분위기를 만들기 위해 술을 마실 때도 있다. 하지만 불교 신앙을 가지고 진지하게 수행하면 어느새 들뜬 기분이나 불안한 마음은 가라앉게 된다. 이처럼 수행이 깊어지면 술은 저절로 점점 멀어진다. 오직 수행을 통해 참 마음으로 가야 한다.

74. 성냄을 뿌리치자

_320. 부처님은 인행(忍行)을 널리 닦으셔서 남 때문에 손발의
마디가 잘리어도 원망하는 마음을 일으키지 않음으로써 최상
의 지혜를 완성하였다. 부자합집경

_321. 부처님께서 사리자에게 이르셨다.

"나는 옛날에 계율을 굳게 지켜 인욕바라밀다를 수행했다. 그
때 대마왕은 오백 명의 사나이들을 만들어냈는데 그들은 걸핏
하면 화를 내며 성질이 포악했다.

밤낮 없이 몰려다니면서 도로·도시·마을과 또는 인가나 벌
판 같은 데서 횡포를 부리고 좋지 못한 행동으로 나약하고 어
리석은 중생들을 꼬드겼다.

저들 악마의 무리는 무려 오백 년 동안 내 곁에 있으면서 온
갖 잘못을 저질렀다. 그러나 나는 그때에 잘 살피고 깊이 생각
하여 그들을 가엾게 여겼기 때문에 대자심(大慈心)을 발해서 저
들 악마의 무리를 위해 미묘한 가르침을 자세히 설했다.

저들 악마의 무리는 그때 가르침을 들은 공덕으로 모든 악한

행위가 소멸되었다." 보살장정법경

_322. 인욕에 안주하는 것, 이것이 최고의 치장이요, 가장 뛰어난 보배로 도저히 세속의 보배가 미칠 바가 아니다.

인욕은 뛰어난 양약(良藥)이어서 능히 성냄으로 인한 독[瞋毒]을 치료한다. 오로지 저 인욕의 힘 때문에 점차 분독이 일어나지 않게 되는 것이다.

인욕은 공덕의 곳집[창고]이다. 그러므로 착한 사람은 이를 지켜 마음을 조복하여 번뇌에 의해 어지럽게 되지 않는다.

인욕은 천상에 태어나는 사다리여서 윤회의 공포로부터 탈출하게 한다.

누구나 인욕을 수행하면 지옥의 고통에서 벗어날 수 있다.

인욕은 공덕의 물이다. 맑고 가득하여 아귀의 목마름을 구하고 죄악을 씻어준다. 제법집요경

_323. 만약 원수를 대면하여 노여움을 지니지 않는다면 세세생생 편안할 수 있을 것이다. 보리행경

_324. 보살로서 잘 참고 성내지 않는 자는 후세에 태어날 때

_325. 보살마하살이 자인(慈忍)에 안주하면 열 가지 이익을 얻게 된다. 무엇이 열 가지인가?

첫째는 불도 태우지 못함이다.

둘째는 칼도 베지 못하며,

셋째는 독도 해치지 못한다.

넷째는 물도 그를 떠내려가게 못하며,

다섯째는 비인(非人)의 호위를 받는다.

여섯째는 신상이 훌륭해짐이요,

일곱째는 모든 악도에 떨어지지 않으며,

여덟째는 그 소원을 따라 범천에 태어나며,

아홉째는 밤낮으로 늘 편안하고,

열째는 그 몸에서 기쁨이 떠나지 않는다.

이것이 보살의 자인에서 오는 열 가지 이익이다. 월등삼매경

_326. 인욕의 힘은 수미산과 같다. 월등삼매경

_327. 다투기 좋아하는 자는 진리에 이르는 문을 잃는 데 반

수크령 / 벼과 / Pennisetum alopecuroides (L.) Spreng. var. alopecuroides

해, 인욕하는 자는 매우 뛰어난 부처님의 가르침에 이르는 문
에 의지하게 된다. 문수사리정률경

_328. 노여움을 스스로 억제하되 달리는 수레를 멈추는 것처
럼 해야 하리니, 이런 사람이야말로 좋은 어자(御者)여서 어둠
을 버리고 밝은 데로 들어가게 되리라. 법구경

_329. 사람이 제 마음도 이기지 못하면서 도리어 남의 마음을
이기려 해서야 될 법이나 한 소리인가?
　제 마음을 이겨야 남의 마음을 이기게 될 것이다. 삼혜경

75. 탐욕을 버려라

_330. 의복과 음식은 목숨을 유지하기 위해 있을 따름이다. 그러므로 선정에 들어 반성하여 자족을 알아 최소한의 것을 취하도록 해야 한다. 법구경

_331. 가시국의 왕이 그 신하에게 말했다.

"너희는 이제 들어라. 내가 먹는 것은 한 가지 음식에 지나지 않고, 내가 입는 것도 한 벌의 옷에 지나지 않고, 내가 앉고 눕는 방 또한 내 몸이 들어갈 만큼의 좁은 공간이면 충분하다. 어찌 많은 욕심을 내어 자족할 줄을 몰라서야 되겠느냐?" 벽지불인연론

_332. 사람이 만족할 줄 모른다면 자꾸만 더 많은 것을 구하게 되어 죄악만 키우는 결과가 된다.

보살은 그렇지 않아서 적은 것에도 만족하고자 노력하고 가난에도 안주하여 도를 지켜, 오직 지혜 닦는 일에만 정진해야 할 것을 안다. 팔대인각경

_333. 적은 것으로 만족해서 많은 것을 탐내지 않고, 많은 것을 축적하지 않는다면 축적함이 없으므로 온갖 재앙에서 멀어지고, 온갖 재앙에서 멀어지므로 온갖 근심걱정에서 멀어지고, 온갖 근심걱정에서 멀어지므로 여러 괴로움의 모임에서 멀어지고, 여러 괴로움의 모임에서 멀어지므로 애욕이 없어지고, 애욕이 없어지므로 능히 온갖 번뇌를 다 끊게 된다. 보은경

_334. 범부들은 오욕에 결박되어 있기 때문에 그들의 심신을 마왕 파순은 마음대로 잡아간다. 마치 사냥꾼이 원숭이를 생포해서 둘러메고 집으로 돌아가듯이. 열반경

_335. 부처님께서 말씀하셨다.

"세상 사람들은 이 극악극고(極惡極苦)한 속에서 자신의 가업에 힘써 살아가야 하므로 귀천·빈부·소장(少長)의 남녀 모두가 한결같이 걱정하고 있는 것은 재물이다.

그러므로 누구나 재물 쌓기에 생각을 거듭함으로써 마음은 잠시도 편할 날이 없다. 밭이 있기에 밭 걱정, 집이 있기에 집 걱정, 우마 따위의 육축과 노비·전재·의식 또 집물이 없으면 그것들이 있었으면 하고 걱정한다.

다행히 하나를 챙겼나 싶으면 다른 하나가 모자라고 이것이 있으면 저것이 없어 늘 아등바등하면서 잠시도 편히 쉴 때가 없다.

이렇게 살아가므로 도에 통달하지 못하고 티끌세상〔塵勞〕에 빠져들어 재·색을 탐하고 있는 것이다. 이 때문에 깨달음을 얻지 못하고 고취(苦趣) 속에 들어가 그 속에서 윤회하여 수천억 겁이 지나도 벗어날 때가 없는 것이니 참으로 딱한 일이다.

이제 너희들에게 이르노니, 세상 일 중 좋은 것을 택해 부지런히 이를 실천하도록 하라. 애욕이나 영화는 영구히 지속되는 것이 아니라, 모두가 언젠가는 떠나게 되어 있다.

이 세상에 정말로 즐길 만한 것이란 없나니, 부디 부처님 계실 때를 놓치지 말고 부지런히 정진하여 극락세계에 태어나도록 간절하게 원해야 할 것이다. 대아미타경

_336. 탐욕은 온갖 괴로움의 근본이요, 육바라밀다의 큰 장애이어서 보리심을 태워 없앤다. 육바라밀다경

_337. 탐욕은 독(毒)과 같아 그것에 닿으면 치열한 불꽃이 일어나게 마련이다. 그러므로 탐욕에 대한 집착이 생기면 독에

의해 해를 입는다. 이는 마치 불을 땔나무 무더기에 던지는 것과 같다. 그러나 저 땔나무의 불길은 꺼질 때가 있지만 탐욕의 불길은 영구히 꺼지지 않는다.

탐욕스러운 사람은 자꾸 열뇌(熱惱)만 더해가서, 마치 나방이 등불을 보고 날아들어 그 몸이 타는 줄을 모르는 것과 같다.

어리석은 중생이 욕망에 집착함이 이러하니라. 제법집요경

_338. 오욕에 물드는 자는 그물에 걸린 새와 같고, 오욕에 처해 있는 자는 칼날을 밟는 것과 같다.

오욕에 집착하는 자는 독 있는 나무를 껴안는 것과 같으니, 지혜 있는 사람은 모름지기 욕망을 똥구덩이같이 보아 얼른 버려야 하느니라. 대장엄경

_339. 탐욕스러운 사람은 재물을 많이 쌓아 놓고도 만족할 줄 몰라서, 어리석은 마음으로 늘 남의 것을 침범할 것만 생각하기 때문에 현세에서는 적이 많고 죽어서는 악도에 떨어지게 된다.

그러므로 지혜 있는 사람이라면 응당 만족할 줄을 알아야 한다. 니건자경

_340. 방자하게 온갖 욕망에 집착한다면 그 온갖 욕망을 탐하는 마음 때문에 영구히 열반을 얻지 못하게 된다. 보성다라니경

_341. 선정을 닦는 사람은 마땅히 탐욕이 빚는 재앙을 관찰해야 하고, 또 이를 벗어나는 일의 공덕에 대하여도 관찰해야 한다. 왜 탐욕이 빚는 재앙에 대해 관찰해야 하는가?

탐욕은 기색(氣色)이 적으면서 근심과 괴로움을 많이 가져오기 때문에 재앙이 많이 생겨난다.

탐욕은 뼈와 같으니 기색이 적기 때문이다.

탐욕은 살과 같으니 딸린 것이 많기 때문이다.

탐욕은 바람에 거슬려 불을 잡고 있는 것과 같으니 그것을 따라 타기 때문이다.

탐욕은 꿈과 같으니 홀연히 나타나 홀연히 없어지기 때문이요,

탐욕은 과수(果樹)와 같으니 남에 의해 꺾이기 때문이다.

탐욕은 칼과 같으니 베고 쪼개기 때문이요,

탐욕은 독이 있는 모기의 머리와 같으니 가공(可恐)한 것이기 때문이다.

탐욕은 바람이 솜을 날리는 것과 같으니 지킬 수 없기 때문이요,

탐욕은 허깨비와 같으니 사람을 의혹하기 때문이다.

통발 / 통발과 / Utricularia. japonica Makino

탐욕은 어둠과 같으니 보이는 것이 없기 때문이요,

탐욕은 장애물이 놓인 것과 같으니 온갖 선법을 가로막기 때문이요,

탐욕은 어리석음과 같으니 정념을 잃게 하기 때문이다.

탐욕은 형구(刑具)와 같으니 마음을 묶어 매기 때문이요,

탐욕은 도둑과 같으니 공덕을 해치고, 탐욕은 원수니 싸움을 일으키기 때문이다.

이렇게 탐욕의 재앙을 관찰하고 거기서 벗어나는 공덕을 관찰하면 이를 일러 탐욕에서 벗어난 사람이라고 한다. 해탈도론

_342. 온갖 번뇌 중 탐욕이 으뜸이다. 탐욕은 온갖 괴로움을 낳기 때문이다. 유가론

_343. 괴로움의 원인이 되는 것은 탐욕이다. 범부는 미혹하여 그것을 즐거운 줄 잘못 생각한다. 지혜 있는 사람은 그것이 괴로움인 줄 알므로 탐욕이 눈에 띄는 대로 끊어버린다.

탐욕은 끝이 없다. 마치 소금물을 마심으로써 그 갈증을 더욱 심하게 하는 것과 같다. 성관론

76. 만족할 줄 알라

_344. 내가 온갖 중생을 관찰하건대, 그들은 모두 탐욕의 오염 때문에 악취에 떨어져 윤회를 받고 있는 것이니, 만약 이 도리를 똑똑히 알아서 탐욕을 길이 끊는 사람이 있다면, 이런 사람은 기필코 불환과(不還果)를 얻어서 다시는 이 세상에 태어나지 않게 되리라. 본집경

_345. 만약 해탈을 구하고자 한다면 응당 만족하는 법을 익혀야 할 것이다. 만족할 줄 알면 늘 기쁠 수 있으니 기쁨이야말로 곧 불법의 표시이다.

비록 일상에 쓰는 물건이 보잘것 없다 해도 만족할 줄 알면 항상 편안할 수 있지만, 만족할 줄 모르는 사람은 천상에 태어나는 즐거움을 얻는다 해도 항상 괴로움의 불길이 마음을 태우게 될 것이다.

그러므로 부유해도 만족할 줄 모르는 것은 이 또한 가난한 사람이라고 해야 한다. 불본행경

_346. 한 수행자가 강변의 나무 밑에서 12년이나 수행하면서
도 탐욕에 대한 생각을 제거하지 못하고 있었다. 그의 마음은
산란해서 오직 육욕(六欲)만을 생각했다.

눈으로는 형태, 귀로는 소리, 코로는 냄새, 입으로는 맛, 몸으
로는 촉감, 마음으로는 법(法)을 생각함으로써 몸과 마음이 늘
바삐 움직여 한 번도 쉴 때가 없었다.

하루는 부처님께서 그 수행자를 제도하고자 그곳에 오셔서
함께 나무 밑에서 묵으시게 되었다.

그런데 갑자기 물 속으로부터 거북 한 마리가 기어 나와 나무
밑으로 오는 것이 보였고 곧 뒤를 이어 굶주린 끝에 먹이를 찾
아다니던 물개가 나타나 거북을 먹고자 하는 것이 아닌가?

그런데 거북은 머리와 꼬리 그리고 네 다리를 움츠려 배갑(背
甲) 속에 감추어 버렸으므로 물개는 먹을 수가 없었다. 거북은
물개가 약간 떨어지면 다시 머리와 다리를 내어 전처럼 기어가
다가 물개가 다가가기만 하면 재빨리 움츠리기 때문에 물개로
서는 어쩔 도리가 없었다. 거북은 위기를 벗어나 어디론가 사라
졌다. 그 상황을 바라보고 있던 수행자가 부처님께 아뢰었다.

"이 거북은 목숨을 수호해 주는 배갑이 있기에 물개로서는 뜻
대로 할 수 없었나 봅니다."

부처님께서 대답하셨다.

"내 생각으로는 세상 사람들이란, 이 거북만도 못한 것 같다. 그들은 무상(無常)을 알지 못해서 육정(六情)을 멋대로 놀리므로 외마(外魔)가 침범해 들어올 기회를 얻는 것이요, 죽고 나서는 생사가 끝이 없어서 오도(五道)를 윤회해 무한한 고뇌를 받게 된다. 이는 모두 마음 탓으로 생긴 일이니, 모름지기 힘써서 멸도(滅度)의 편안함을 구해야 한다.

부디 육욕(六欲) 감추기를 거북같이 하고, 마음 방호(防護)하기를 성(城)같이 하라. 그리하여 지혜로 마(魔)와 싸워 이기면 재앙이 없게 될 것이다." 법구경

_347. 부처님께서 말씀하셨다.

"비구여, 다욕(多欲)은 바로 괴로움이니라. 생사피로(生死疲勞)도 탐욕에서 일어나는 것이니, 소욕(少欲)해서 담담히 살아가면 몸과 마음이 자재할 수 있을 것이다." 팔대인각경

77. 불자생활의 기초

_348.　불법을 믿는 사람이란? 삼보(三寶), 즉 부처님〔佛〕과 법(法)과 승가〔僧〕를 믿는 사람이다. 흔들림 없는 굳은 신앙으로 가르침을 따르고 불자로서 계행을 지켜야 한다.

부처님은 이렇게 말씀하셨다.

"부처님께 귀의한다는 것은 삼세 일체불(一切佛)에 귀의하는 것이다. 부처님은 법신(法身)이시기 때문이다. 그리고 법에 귀의한다는 것은 욕심이 끊겨 다한 열반에 귀의한다는 말이다. 승가에 귀의한다는 것은 유학(有學)이나 무학(無學)을 가리지 않고 부처님의 가르침에 따라 출가 수행하는 스님들에게 귀의하는 것이다. 또 불·법·승의 차례를 몰라 뒤바꿔서 말했다면 허물이 되지 않고 삼귀의가 성립되나, 만약 차례를 알면서 짐짓 차례를 바꾸어 말했다면 허물도 되고 삼귀의는 성립되지 않는다." 불경

_349.　불법을 믿는 자로서의 계(戒)는, 생명을 존중하고 죽이지 않으며(不殺生), 남의 것을 훔치지 않고(不偸盜), 사음을 행하

지 않으며(不邪婬), 망어를 하지 않고(不妄語), 술을 마시지 않는 것(不飮酒)이다.

불법을 믿는 자는 부처님에 대한 믿음과 불자로서의 계율을 지킬 뿐만 아니라 또한 다른 사람으로 하여금 이 믿음과 계를 얻도록 힘쓰지 않으면 안 된다. 이웃과 친척이나 벗들, 또는 아는 사람 사이에 함께 믿는 사람을 넓혀가야 한다.

삼보에 대한 신앙을 갖고 신자로서의 계를 가지는 것은 깨달음을 얻기 위한 것이므로 비록 재가생활을 하더라도 모든 애착에 결박되지 않도록 유념하여야 한다.

아무리 애착을 가진다 해도 부모님이나 가족과도 언젠가는 헤어져야만 한다. 뿐만 아니다. 몸 담고 있는 이 세간도 마침내는 떠나야 한다. 헤어져야 하고 떠나야 하는 것에 마음이 결박되지 아니하고, 오직 이별이 없는 깨달음의 세계에 마음을 두어야 한다. 불경

_350. 부처님의 가르침을 배워 믿음이 돈독하여 물러서지 아니할 때 기쁨이 저절로 솟아난다. 이 경지에 들면 누구에게나 어떤 일에서나 새로운 빛을 발견하게 되고 기쁨을 발견하게 된다.

그 마음은 맑고 상쾌하고 항상 참아 견디며 다투는 것을 좋아

솔체꽃 / 산토끼꽃과 / Scabiosa Tschiliensis Grünning

하지 않고, 사람들과 화평하고 부처님과 법과 승가를 공경하므로 자연히 기쁨이 솟아난다.

신앙으로 부처님과 함께 하게 되고 나를 집착하는 마음을 여의므로 나의 소유를 탐하지 않게 되니 따라서 그 생활은 두려움이 없게 된다.

부처님의 정토에 태어나는 것을 굳게 믿고 있으므로 죽음을 두려워하지 않는다. 부처님 가르침의 진실과 고귀한 것을 믿고 있으므로 사람들 앞에서도 위축되거나 두려움 없이 스스로 믿는 바를 말하게 된다.

자비한 마음을 기본으로 하고 있기 때문에 모든 사람에 대하여 마음이 평등하고 곧고 맑음으로 정진에 힘써 온갖 선을 행한다.

또한 순경계(順境界)든 역경계(逆境界)든 어느 때나 신앙을 더하고 스스로를 돌이켜 뉘우치며 법을 존중하고 말하는 대로 행하여 밝은 지혜로써 일체를 보고 마음이 동하지 않는다.

어느 때나 불심으로 사람들을 인도하고 비록 거친 사람들 사이에 있어도 저들이 깨우치도록 힘쓴다. 불경

78. 재가보살[신도]의 수행하는 법

_351. 부처님이 왕사성의 기사굴산에 계실 때에 가섭에게 말씀하셨다.

"재가보살은 세 가지 수행이 있어야 능히 깨달음에 이익이 된다. 먼저 일체지(一切智)를 구하기 위해서 첫째 즐거운 마음을 내고, 둘째 세간의 본업에 떨어지지 않고, 셋째 오계를 굳게 가지는 것이다.

또 세 가지 법을 배워야 한다. 첫째, 부처님께 수순하며, 둘째 남을 위하여 법을 연설하고 자기도 부지런히 수행하며, 셋째 중생에게 자비심을 내는 것이다.

다시 세 가지 법을 성취해야 한다. 첫째, 유희와 방일을 버리고 뇌물을 주고받지 말고 길흉의 예언도 보지 말며, 둘째 항상 청결하게 생활하고 모든 것을 많이 받지 말며, 셋째 항상 정진하여 많이 듣고 부지런히 배워야 한다.

그리고, 하지 말아야 할 세 가지가 있다. 첫째, 어버이가 법을 듣는 것을 막지 말며, 둘째 아내가 법을 듣는 것을 막지 말며,

셋째 항상 정진하여 많이 듣고 부지런히 배워야 한다.

또 세 가지 하지 말아야 할 일이 있다. 첫째, 남자나 여인을 사고팔지 말며, 둘째 남에게 나쁜 약을 주지 말며, 셋째 나쁜 약을 만드는 사람과 가까이 말 것이다.

또 세 가지 하지 말아야 할 것이 있다. 첫째, 음녀의 집에 가지 말며, 둘째 거간꾼을 친하지 말며, 셋째 도수장(屠獸場) 가까이 살지 말 일이다. 보적경

_352. 재가보살이 다음의 세 가지 법을 성취하면, '아뇩다라 삼먁삼보리'에서 물러나지 않는다.

첫째, 부모가 신심이 없거든 신심을 내도록 권하고, 계를 파하거든 간하여 계를 지키게 하며, 간탐(慳貪)이 있거든 보시하도록 권하고, 위없는 깨달음을 찬탄하여 설법하는 것이요,

둘째, 공양할 데와 못할 데를 알아서 공양할 데에는 곧 공양하고, 공양하지 못할 데에는 곧 공양하지 말되 그들에게 자비심을 내는 것이며,

셋째, 부지런히 애를 써서 모은 재물을 함부로 낭비해 없애지 말고, 계행을 가지는 일체 중생에게 평등하게 보시하는 것이다.

또 다음의 세 가지 법을 성취하여 모든 선근을 심으면, 깨달음을 증득하기까지 다시는 세속의 오욕락을 받지 않는다.

첫째는 오계를 받아 가지되, 다른 사람에게 오욕락을 칭찬하지 말고, 여인을 친근하지 말 것이요, 둘째는 경을 듣고는 깊은 신심을 내어 모든 악을 버리는 것이요, 셋째는 지은 바 선근을 모두 위없는 깨달음으로 회향하고, 색·성·향·미·촉·법이나, 재물이나 부귀와 권세나 권속도 사랑하지 않고, 무위심(無爲心)·무위과보(無爲果報)로 속히 무상(無上)의 '깨달음'을 구하기 원하는 것이다.

이러한 선근으로 무애변(無碍辯)·무착변(無着辯)을 얻으며, 현재나 혹은 죽을 때에는 부처님을 뵈옵고, 죽은 후에는 천상에 났다가 오래지 않아 '아뇩다라삼먁삼보리'를 얻을 것이다. 보적경

9장

수 행

노루오줌 / 범의귀과 / Astilbe rubra Hook.f. & Thomson var. rub

79. 사람 몸〔人身〕은 온갖 괴로움의 그릇

_353. 선남자야, 구워내지 않은 그릇은 깨지기 쉽다. 중생의 받은 몸도 역시 그러해서, 일단 몸을 받고 나면 바로 온갖 괴로움의 그릇이 되고 만다.

큰 나무의 무성한 꽃과 과일을 뭇 새들이 쉽사리 뭉개버리는 것과 같고, 마른 풀을 조그만 불이 능히 태우는 것과 같아서 중생이 받은 몸도 괴로움에 의해 마침내 부서지고 마는 것이다.

열반경

_354. 부처님께서 사위성의 정사(精舍)에 계실 때의 일이다. 네 비구가 나무 밑에 앉아 서로 물었다. 그 중 한 비구가, "이 세상에서 무엇이 가장 괴로울까?"라고 했다.

한 비구는 '천하의 괴로움 중 음욕보다 더한 것은 없다' 라고 하고, 한 비구는 '세상의 괴로움 중 성냄보다 더한 것이 없다' 고 했으며, 또 한 비구는 '세상의 괴로움에서 공포가 으뜸이다' 라고 하여, 고통의 의미를 놓고 서로 다투어 제각기 질세라 말이 그칠 줄을 몰랐다.

부처님께서는 그들의 언쟁하는 모양을 아시고, 그곳에 이르시어 그 비구들에게 물으셨다.

"무엇을 그리 논의하고 있느냐?"

비구들이 곧 일어나 절하고 자기들이 논의한 내용을 자세히 여쭈었더니, 부처님께서 말씀하셨다.

"너희들이 논한 바를 보건대, 고통의 의미를 샅샅이 알았다고 말하지 못하겠다. 천하의 괴로움이 육신보다 더함이 없다. 기갈·한열(寒熱)·성냄·공포·음욕·원한이 다 몸으로 하여 일어나는 것이니, 몸이란 여러 괴로움의 근본이요, 뭇 재앙의 근원이다. 노심초사하여 갖가지 근심과 두려움을 느낀다든가, 삼계에서 꿈틀거려 서로 해치며 피차 속박하여 생사를 그치지 않는 것이 전부 몸 때문이다.

세상의 온갖 괴로움에서 벗어나고자 원한다면 마땅히 적멸(寂滅)을 구해야 하니, 마음을 조심하여 바르게 지키며 고요하여 온갖 상념이 없고 보면, 열반을 얻을 수 있는 것이다. 이것이 가장 큰 즐거움이다." 법구비유경

_355. 부처님께서 여러 비구에게 이르셨다.

"땅이 온통 변하여 바다가 되었을 때에, 수명이 끝이 없는 한

마리 눈먼 거북이 백 년에 한 번씩 물에서 그 머리를 든다고 하자. 또 그 바다에 하나의 구멍 뚫린 부목(浮木)이 물결에 떠서 바람을 따라 이리저리 흐른다고 하자. 마침 이 눈먼 거북이가 머리를 들 때에 나무 구멍을 만날 수 있겠느냐?"

아난이 말씀드렸다.

"세존이시여, 거북이 도저히 그것을 만날 수 없습니다. 왜냐 하면 눈먼 거북이 동해에 이르렀다 해도 부목은 바람을 따라 서해나 혹은 남해, 북해 혹은 네 간방(間方)을 떠돌아다니므로 꼭 만난다고 기약할 수가 없기 때문입니다."

부처님께서 아난에게 이르셨다.

"이 눈먼 거북과 부목은 서로 다른 데를 돌아다니더라도 혹 만날 수 있을지도 모르는 일이다. 그러나 어리석은 범부에 이르러서는 오취(五趣)를 휘돌면서[輪廻] 사람의 몸으로 다시 태어나기가 저 거북의 경우보다도 더 어려울 것이다.

그러므로 너희들은 부지런히 노력하고 뛰어난 의욕을 일으켜 가르침을 닦아야 한다." 잡아함경

80. 이래서 윤회한다

_356. 온갖 중생이 무시이래로 생사를 반복하고 있는 것은 다 제가 지닌 변화를 떠난 영원한 진실과 청정하고 밝은 본성에 대해 알지 못하고, 여러 망상에 팔리고 있는 까닭이다. 이런 망상은 진실하지 못하므로 윤회하게 되는 것이다. 능엄경

_357. 선남자야, 온갖 중생이 무시로부터 갖가지 번뇌에 사로잡혀 있으므로 윤회가 있게 되느니라. 원각경

_358. 이 몸과 마음이 갖가지 악을 지으므로 이 인연으로 생사를 유전(流轉)해 삼악도에 떨어져 여러 고통을 골고루 받게 되는 것이다. 열반경

_359. 범부는 몸과 마음에 괴로움을 만나면 갖가지 악을 일으키게 마련이니, 몸에 병이 나거나 마음에 병이 날 경우, 신(身)·구(口)·의(意)로 갖가지 악을 짓는다. 그러므로 삼취(三趣)에 윤회하여 갖은 괴로움을 받아야 하는 것이다. 열반경

_360. 온갖 욕망 탓으로 삼악도에 떨어지고, 육취(六趣) 속을 윤회하여 고루 여러 고통을 받게 되는 것이다. 법화경

_361. 온갖 존재〔현상〕란? 어느 하나도 진실함이 없건마는 진실한 모습인 듯 잘못 생각하여, 범부들이 생사의 옥(獄)을 윤회한다. 화엄경

_362. 중생이 스스로 번뇌를 일으켜 저 윤회의 원인을 짓고 있는 것이다. 대승십이송론

_363. 만일 바른 견해가 없이 어리석어서, 온갖 욕망에 집착하여 생사를 떠나려 않는다면 윤회에 매이는 바가 될 수밖에 없다. 제법집요경

_364. 어리석은 사람은, 항상 세간의 변화해 마지않는 사물에 의지해 있기 때문에 오취(五趣) 속을 휘돌아〔윤회〕 끊일 날이 없다. 그러므로 출세간의 최고의 진실에 대해서는 아는 바 없이 계속 윤회하게 되는 것이어서, 누에고치가 스스로 제 몸을 결박하는 것과 같다. 니건자 문무아의경

_365.   문수사리 보살이 부처님께 여쭈었다.

"어떤 까닭으로 온갖 중생이 허망한 윤회를 떠나지 못하고 그 잘못을 깨닫지 못하는 것입니까?"

부처님께서 이르셨다.

"왜냐하면 무시로부터 망령되이 헤아려, 집착하는 생각을 내어 '저'와 '나'를 분별하는 까닭이다. 또 어리석은 중생이 허망한 윤회를 받게 된다. 왜냐하면 어리석은 중생은 최상의 적정법에 대해, 들은 바도 아는 바도 없으므로 삼업(三業)을 경계함이 없이 몸과 입과 마음을 제멋대로 굴려서 온갖 번뇌, 즉 탐·진·치 따위를 끝없이 짓는 까닭이다." 문수사리문법경

_366.   어리석은 자는 세속에서 세워놓은 명상(名相)에 집착하고 마음의 흐름을 따라 움직여 갖가지 형상을 보게 된다. 그리하여 '나[我]'니 '내 것[我所]'이니 하는 그릇된 견해에 떨어지므로 무지가 본성을 덮고 가려, 집착이 생긴다. 그 결과, 탐심(貪心)이니 진에(瞋恚)니 하는 번뇌에서 나온 행위가 모여 망령되이 스스로 얽어맴이 누에가 고치를 치는 것 같고, 생사의 바다와 악도의 광야에 떨어짐이 마치 물긷는 도르래[汲井輪]와 같아지는 것이다. 능가아발다라보경

81. 법의 등불 나의 주인

_367. 자신을 등불 삼고 자신에게 의지할 것이지, 남에게 의지하지 말라. 법[진리]을 등불 삼고 법에 의지할 것이지, 다른 것에 의지하지 말라. 남전열반경

_368. 남의 잘못은 보기 쉬워도 자기 잘못은 보기 어렵다. 남의 잘못은 겨처럼 까불어 흩어버리지만, 자기 잘못은 투전꾼이 나쁜 패를 감추듯 한다. 법구경

_369. 베나레스의 녹야원에서 최초의 설법을 마치고, 부처님은 우루벨라를 향해 교화의 길을 떠났다. 도중 길가에서 깊숙이 들어간 숲속의 한 나무 아래 앉아 쉬고 있을 때였다. 한 떼의 젊은이들이 무엇인가를 찾아 허둥지둥 제 정신을 잃고 헤매고 있었다. 나무 아래 조용히 앉아 있는 부처님을 보자 그들은 물었다.

"혹시 이리로 도망가는 여인을 보지 못하셨습니까?"

"그 여자를 어째서 찾으려고 하는가?"

사연인즉, 그들은 이 근처에 사는데, 저마다 자기 아내를 데리고 숲으로 놀이를 나왔다. 그 중 한 사람은 아직 미혼이라 기생을 동반했는데, 그만 놀이에 정신이 팔려 있는 동안 기생은 그들의 값진 물건을 가지고 달아나 버렸던 것이다. 그래서 그 여자를 찾느라고 온 숲을 뒤지고 있다는 것이었다. 부처님은 조용히 그들을 바라보며 말씀했다.

"젊은이들, 달아난 여자를 찾는 일과 자기 자신을 찾는 일, 어느 일이 더 보람 있는 일이라고 생각하는가?"

달아난 여자를 찾아 정신없이 헤매던 그들은 부처님의 이와 같은 질문을 받고서야 번뜩 제 정신으로 돌아왔다.

"물론, 자기 자신을 찾는 일이 더 보람 있는 일이겠지요."

"그럼, 다들 거기 앉아라. 이제 자기 자신을 찾는 길을 가르쳐 주겠다."

부처님은 그들을 위해 차근차근, 괴로움〔苦〕과 괴로움의 원인〔集〕과 괴로움의 극복〔滅〕과 그 극복에 이르는 길〔道〕을 말씀하셨다.

그들의 마음은 흰 천과 같이 아직 세상에 물들지 않았으므로, 이치에 맞는 부처님의 말씀을 듣고 진리를 보는 눈이 열리었다. 율장

눈개승마 / 장미과 / Aruncus dioicus var. kamtschaticus (Maxim.) H.Hara

_370. 어떤 것이 괴로움의 극복에 이르는 길인가? 번뇌의 소멸에 이르는 방법, 즉 여덟 가지 바른 길이다. 그것은 바른 견해〔正見〕, 바른 생각〔正思〕, 바른 말〔正語〕, 바른 행위〔正業〕, 바른 생활〔正命〕, 바른 노력〔正精進〕, 바른 기억〔正念〕, 바른 선정〔正定〕이다.

바른 견해란 네 가지 진리〔四聖諦〕를 바로 보는 지혜이고, 바른 생각이란 번뇌 망상을 멀리하고 성냄과 원한이 없는 생각이다. 바른 말이란 거짓말, 악담, 이간질, 그럴 듯이 꾸미는 말을 떠난 도리에 맞는 참된 말이다. 바른 행위란 살생, 도둑질, 음란한 짓을 하지 않고 올바른 생활규범〔戒行〕을 지키는 일이다. 바른 생활이란 불공정한 거래나 점술 따위의 수단을 떠나 정당한 방법으로 의식(衣食)을 얻어 살아가는 것이다. 바른 노력이란 아직 일어나지 않은 나쁜 생각을 일어나지 않게 하고 이미 일어난 나쁜 생각은 없애며, 아직 일어나지 않은 착한 생각을 일어나게 하고, 이미 일어난 착한 생각은 원만히 키워나가도록 끊임없이 노력하는 것이다. 바른 기억이란 생각을 한 곳에 집중하여 몸과 느낌과 마음과 모든 존재를 바로 관찰하고 탐욕에서 일어나는 번뇌를 없애는 것이다. 바른 선정이란 온갖 욕심과 산란한 생각을 가라 앉혀 선정에 들어감을 말한다. 중아함경

82. 불심(佛心)을 키우는 사람

_371. 탐심이 일어나는 것은 마음에 맞는 것을 보고 바르지 않은 생각을 갖기 때문이며, 성이 나는 것은 마음에 맞지 않는 것을 보고 바르지 않은 생각을 갖기 때문이다. 어리석음은 지혜가 없어서 해야 할 일과 해서는 안 될 일을 모르는 것이고, 삿된 견해는 바르지 않은 사상에 물들어서 그른 생각을 하기 때문에 일어난다.

이 탐·진·치, 세 가지는 타오르는 불길처럼 세간을 태우는 불길이다. 탐심의 불은 욕망에 빠져 사람을 태우고, 진심의 불은 성을 내어 목숨을 해치고, 어리석음의 불은 미혹하여 불법을 모르고 있다.

이렇게 탐진치의 불, 생로병사의 불, 근심·슬픔·괴로움의 불길이 활활 타오르고 있다. 아함경

_372. 사람의 성질은 마치 동굴을 뒤덮은 덤불처럼 엉기어 입구를 알기 어렵다. 이 알기 어려운 사람의 성질을 네 가지로 나눈다.

첫째는 스스로 괴로워하는 사람으로서 그릇된 가르침을 받아서 무턱대고 고행하는 사람이고,

둘째는 타인을 괴롭히는 사람으로서 살생과 도적, 그밖에 잔혹한 짓을 하는 사람이고,

셋째는 스스로도 괴로워하고 남도 괴롭히는 사람으로서 그릇된 가르침 때문에 스스로도 괴로워하고 주위 사람도 괴롭히는 사람이고,

넷째는 스스로도 또한 남들도 괴롭히지 않는 사람으로서 탐욕을 버리고 편안히 살며 부처님의 가르침을 지켜 청정한 행을 하는 사람이다. 아함경

_373. 또 이 세상에는 세 가지 사람이 있다.

첫째는 그 성질을 알기 쉽고 교만하고 경박스러우며 언제나 안정감이 없는 사람이고,

둘째는 그 성질을 알기 어렵고 조용하고 겸허하며 매사에 조심스럽고 욕망을 잘 참는 사람이고,

셋째는 성질을 전혀 알 수 없고 번뇌를 끊은 사람이다.

이와 같이 여러 가지 다른 개성이 있지만, 기실 사람의 본성은 쉽게 알기 어렵다. 오직 부처님만이 이들의 본성을 꿰뚫어

알고 제각기 알맞은 가르침을 주신다.

_374. 강물에 배를 띄우고 즐거운 듯 떠내려가는 사람에게 언덕에 있는 사람이 목놓아 소릴 질렀다.

"즐거운 듯 내려가는 사람이여, 급히 멈추시오. 아래에는 험한 파도가 치고 깊이 모를 용소(龍沼)가 있으며 거기에는 악어, 야차 등이 우글거리오. 위험하니 어서 멈추시오. 제발 멈추시오."

이것은 사람의 생활에 비유한 말이다. 강물에 떠내려간다는 것은 애욕생활이고 즐거운 듯이 내려가는 것은 집착이고 언덕에 선 사람은 부처님이시다. 잡보장경

_375. 이 세상에는 하기 어려운 일 스무 가지가 있다.

1. 가난하면서 보시하기 어렵고,

2. 부귀를 누리면서 도(道) 배우기 어렵고,

3. 목숨을 버려 도 구하기 어렵고,

4. 부처님 세간에 나심을 만나기 어렵고,

5. 부처님의 가르침을 듣기 어렵고,

6. 애욕을 참고 욕심을 떠나기 어렵고,

7. 유쾌한 것[즐거움]을 보고 구하지 않기 어렵고,

8. 권세를 가지고 세력으로 군림하지 않기 어렵고,

9. 수모를 당하고서 성내지 않기 어렵고,

10. 일을 당하여 무심하기 어렵고,

11. 널리 배워 깊이 공부하기 어렵고,

12. 처음 배우는 사람을 가벼이 여기지 않기 어렵고,

13. 아만심을 버리기 어렵고,

14. 착한 벗을 얻기 어렵고,

15. 도를 배워 깨달음에 들기 어렵고,

16. 바깥 경계를 당하여 마음이 흔들리지 않기 어렵고,

17. 사람의 근기를 알아 가르침을 말하기 어렵고,

18. 마음을 항상 평탄하게 지니기 어렵고,

19. 시비에 빠져들지 않기 어렵고,

20. 좋은 방편을 발견하기 어려운 것이다. 사십이장경

83. 삼독(三毒)과 십악(十惡)

_376. 범부에게 탐욕은 마치 목마른데 소금물을 마신 것처럼 갈증을 더하여 그칠 줄을 모른다. 그 때문에 탐욕은 괴로운 것이고, 온갖 재난의 원인이 된다.

또 거기에는 아무리 구하고자 하여도 얻지 못하는 괴로움이 있고, 혹 얻고 나서는 빼앗기지 않으려고 하는 불안한 괴로움이 있으며 얻은 것을 잃은 뒤에 정신 차릴 수 없는 혼란의 괴로움이 있다. 불경

_377. 사람들은 탐욕 때문에 다투고 싸운다. 나라와 나라 사이, 백성과 백성 사이, 부모와 자식 사이, 형제와 자매 사이, 또는 벗들 사이에서 서로가 이 탐욕 때문에 정신차리지 못하고 미친 듯이 다투고 서로를 상하게 한다.

또 어떤 사람은 탐욕 때문에 몸가짐을 흐트려 혹은 도둑질하고 혹은 남을 속이고 혹은 간음도 한다. 그리고는 온갖 형벌을 받고 자유를 속박 받는다. 탐욕 때문에 몸과 말과 뜻으로 죄를 짓고 금생에서 내생에 이르기까지 암흑 세계에 빠져 온갖 고통

뻐꾹나리 / 백합과 / Tricyrtis dilatata Nakai

을 받는다.

한 조각의 고기를 얻으려고 다투는 짐승은 서로 다치고, 횃불을 들고 바람을 거슬러 달리는 어리석은 자는 그 몸을 태운다. 이처럼 어리석은 사람은 욕심 때문에 몸을 다치거나 불태운다.

애집(愛執)은 번뇌의 왕이니 온갖 번뇌가 그를 따른다. 애집은 번뇌의 싹이 움트는 온상이니 여러 가지 번뇌가 모두 거기서 난다. 애집은 착한 마음을 먹는 귀신이니, 온갖 착한 마음을 허물어뜨리기 때문이다. 애집은 꽃속에 숨은 독사이니, 아름다운 꽃에 모여드는 자를 물어 죽이기 때문이다. 애집은 나무를 말리는 넝쿨이니, 사람의 마음에 감겨들어 그 사람의 기쁨을 먹어 없앤다. 애집은 악마가 던진 미끼이니 범부들은 미끼에 낚여 악도에 빠진다.

굶주린 개에게 피묻은 마른 뼈를 던지면 개는 그 뼈를 물어뜯는다. 이로 인해 개는 다만 피곤함만 얻을 뿐이다. 애집이 사람의 마음을 이롭게 하지 못하는 것이 이와 같다.

또한 탐심과 성냄과 어리석음과 교만한 마음은 네 개의 독이 묻은 화살이니, 이것이 온갖 병고를 일으키는 근본이다. 밖에서 날아오는 화살은 막을 방법이 있지만 안에서 날아오는 화살은 막을 방법이 없다. 탐심과 성냄과 어리석음과 교만한 마음

은 안에서 날아오는 독 묻은 화살이다

마음에 탐심과 성냄과 어리석음이 있으면 입에는 거짓과 실 없는 말과 악구와 양설을 하게 되고, 몸으로는 살생과 도둑질과 사음을 행하게 된다. 이와 같은 마음의 세 가지, 입의 네 가지, 몸의 세 가지 나쁜 행을 십악(十惡)이라고 말한다.

특히 알면서 짐짓 입으로 망령된 말을 하게 되면 어떤 나쁜 짓도 쉽게 하게 된다. 나쁜 짓을 하므로 거짓말을 하게 되고, 거짓말을 하게 되므로 거침없이 또 나쁜 짓을 범하게 된다.

사람에게 닥치는 두려운 일들은 모두가 어리석음에서 오고, 사람의 불행도, 고난도 또한 어리석음에서 온다. 어리석음은 참으로 세간의 큰 병독(病毒)이 아닐 수 없다. 불경

* 범부들은 세간의 애욕생활을 지극히 귀한 가치로 여기며 그것에 집착하여 끝없이 추구하여 잠시도 멈출 줄 모른다. 사실 그것은 숱한 고난과 불행을 부른다. 그런데도 사람들은 제 뜻에 맞으면 기뻐하고 조금이라도 어긋나면 성을 내어 투쟁도 서슴지 않는다. 그래서 마음은 자꾸만 거칠어지고 환경은 점점 불행해지며 고난과 불안은 끊일 날이 없게 된다.
그러나 우리들에게는 미혹의 생활에서 훤출하게 벗어나 편안한 저 언덕에 서 있는 부처님이 계신다. 부처님께서는 이미 범부생활과 그 종말을 모두 꿰뚫어 보시고 모든 사람에게 저 언덕에 이르는 길을 가르치신다. 만인에게 해탈의 자유, 열반의 안정을 얻게 하신다.

84. 번뇌의 강물을 넘자

_378. 왕이 독사 네 마리가 든 상자 하나를 한 사내에게 주면서 말했다.

"이 뱀을 잘 길러라. 만약 한 마리라도 성나게 하면 그때는 너의 목숨을 내놓아야 한다."

그 사나이는 왕의 명령을 듣고 무서워서 독사 상자를 버리고 달아났다. 왕은 다섯 사람의 신하에게 명하여 그의 뒤를 쫓아가게 했다. 그들은 달아난 사나이와 친하여 왕궁으로 데리고 가고자 하였으나 그 사나이는 믿지 않고 또 달아나 어떤 마을에 들어가 숨을 집을 찾았다. 그때 하늘에서 소리가 들려왔다.

"이 마을에는 아무도 사는 사람이 없다. 뿐만 아니라 오늘밤에는 여섯 사람의 도적이 습격해 올 것이다."

사나이는 놀라서 또 달아났는데 정신없이 가다 보니 앞에는 거친 물이 흐르는 큰 강이 가로막고 있었다. 그 강을 건너기란 쉬운 일이 아니었다. 그렇지만 이쪽 언덕의 위험이 절박하므로 그는 주변에 있는 뗏목을 찾아 마침내 강물을 건너 안전지대에 이르렀다. 불경

* 여기 '네 마리의 독사'란 지수화풍(地水火風)의 사대(四大)로 이루어진 인간의 육신을 말한다. 이 육신은 욕심에 빠져드는 토대로서 그 때문에 괴로워하게 된다. 사나이는 여기 육신에서 달아나지만 이번에는 왕이 보낸 '다섯 신하'를 만나게 되는데, 이것은 몸과 마음을 이루고 있는 색수상행식(色受想行識)의 오온(五蘊)을 말하고 있다. 사나이는 또다시 달아나 '숨고자 한 집'이란 육근(六根)의 안이비설신의(眼耳鼻舌身意)인데 이것은 사람의 여섯 감각기관이고, '여섯 사람의 도적'이란 육진(六塵)의 색성향미촉법(色聲香味觸法)인 대경(對境)이다.

감각세계[六根·六塵]의 위험한 상황에서 달아나 만난 '거친 강물'은 번뇌가 치성한 일상생활이다. 이 번뇌의 강물에 뗏목[가르침]을 띄워 마침내 열반의 언덕[안전지대]에 이른다.

85. 세 사람의 천사

_379. 세상에는 '부모도 모르고 자식도 모른다'고 하는 험난한 곳이 있다. 급한 일을 당해도 서로 도울 수 없는 험난한 곳, 매우 절박한 때가 있다. 어머니도 아들을 구할 수 없고, 아들도 어머니를 구할 수 없는 세 가지 경우가 있다. 큰 화재와 큰 수재와 큰 도난이다.

또한 부모와 자식이 참으로 헤어지고 마는, 그래서 부모도 모르고 자식도 모르는 세 가지 경우가 있다. 그것은 늙음이 찾아드는 두려움과 병을 당하는 두려움과 죽음의 두려움이 닥쳐왔을 때이다.

부모가 차츰 늙어 가는 것을 자식이 어떻게 그것을 대신할 수 있을 것인가. 자식이 병들어 죽음에 이르렀어도 부모가 대신 아플 수는 없지 않는가. 또 자식의 죽음, 부모의 죽음. 그것이 아무리 가까운 부모와 자식, 혈육지친(血肉之親)의 관계라 하더라도 서로 바꿀 수는 없지 않는가.

이것이야말로 참으로 부모도 모르고, 자식도 모르는 험난한 곳, 절박한 때라 아니 할 수 없다. 불경

_380. 이 세상에서 게으르고 방탕하였다가 죽어서 지옥에 떨어진 사람에게 염라대왕이 물었다. "너는 세상에 있을 때 세 사람의 천사를 만나지 않았던가?" 죄인이 대답했다.

"대왕이여, 저는 세상에서 그런 분들을 한 번도 만난 적이 없습니다."

"그래, 너는 나이가 들어 늙어서 허리가 굽어 지팡이에 의지하여 간신히 걷고 있는 사람을 보지 않았던가?"

"대왕이여, 그런 노인들이라면 얼마든지 보았습니다."

"너는 그 첫째 천사를 만나고도 네가 늙어 가는 것을 알아차려서, 부지런히 착한 일을 해야겠다고 생각하지 않았으니 오늘의 과보를 받게 된 것이다. 또한 두 번째 천사를 너는 보지 못했던가?"

"대왕이여 저는 그런 분을 결코 뵈온 적이 없습니다."

"그러면 너는 병들어 혼자서 움직이지도 못하고, 애처롭게 쇠약해진 사람을 보지 못했는가?"

"대왕이여, 그런 병자라면 얼마든지 보았습니다."

"너는 그 두 번째 천사를 만나고도 네 자신도 병들지 않으면 안 될 몸인 것을 생각하지 않고 방종하게 지냈으니, 그로 말미암아 이 지옥에 온 것이다. 그리고 너는 세 번째의 천사를 만나지 않았던가?

"대왕이여, 저는 그런 천사를 만난 기억이 없습니다."

"너는 너의 주위에서 죽는 사람을 한 번도 못 보았단 말인가? 한 번도 사람들이 모여 죽음을 슬퍼하는 광경을 만나지 못했단 말인가?"

"대왕이여, 죽은 사람이라면 수도 없이 지겹도록 보았습니다."

염라대왕이 말했다.

"너는 죽음을 경계하고 죽음이 닥쳐오는 것임을 너에게 미리 알린 천사를 만나고도 조금도 죽음을 염두에 두지 않고 착한 일을 게을리 하였으니, 이제 그 과보를 받게 되었다. 오직 너 자신이 지은 것은 너 자신이 받아야 하는 것이다." 불전

86. 번뇌를 끊어라

_381. 비유를 들어 여기에 뱀과 악어와 새와 개와 여우와 원숭이 등 습성을 달리하는 동물을 붙잡아 각각 끈으로 매어 놓고 그 끈들을 하나로 묶었다고 하자.

이 여섯 종류의 동물은 제각기 제 습성을 따라 제 갈 곳으로 가고자 한다. 뱀은 굴로, 악어는 물로, 새는 하늘로, 개는 마을로, 여우와 원숭이는 들이나 숲으로 달려가고자 서로 다투어 그 중에 힘이 센 쪽으로 끌려갈 것이다.

이처럼 사람들도 눈, 귀, 코, 혀, 몸과 뜻에 각각 부딪치거나 느낀 것에 끄달려 그 중에서 유혹이 가장 강한 쪽으로 끌려 그 지배를 받는다. 그러나 이들을 튼튼한 기둥에 묶어 두면 마침내 힘이 다하여 기둥 곁에 드러눕게 된다.

이처럼 사람이 그 마음을 잘 다스리면 보는 것, 느끼는 것 등의 오욕에 끄달리지 않는다. 그러므로 힘써 정진해야 한다. 불경

* 이 경의 말씀을 통해 사람들에게는 무명(無明)에서 비롯된 미혹과 괴로움의 원인인 번뇌가 어디에 있음을 알 수 있다. 다음의 다섯 가지 방법으로 미혹을 떠나며 번뇌를 일어나지 않게 한다.

연꽃 / 수련과 / Nelumbo nucifera Gaertn

첫째는 사물을 바르게 보아 원인과 결과를 잘 살핀다. 괴로움의 뿌리는 마음의 바른 도리를 어긴 번뇌이므로 번뇌가 없으면 맑은 경계가 나타난다는 것을 생각한다. 사물을 잘못 보아 인과(因果)를 무시하는 생각이 날 때 거기서 번뇌가 일고 괴로움을 만난다.

둘째는 자기를 잘 다스려 번뇌를 잠재운다. 바른 지혜로써 육근[眼耳鼻舌身意]에서 일어나는 방자스런 욕심을 제어하여 번뇌의 뿌리를 뽑는다.

셋째는 사물을 받아쓰는 데 바르게 생각해야 한다. 음식이나 의복을 받을 때에도 향락을 위해서 받는 것이 아니고 몸을 가리고 추위나 더위를 막을 것을 생각하며, 음식을 대해서는 진리를 닦는 몸을 기를 것을 생각한다. 바른 생각에는 번뇌가 일지 않는다.

넷째는 매사에 참아 견디어야 한다. 더위 · 추위 · 굶주림 · 목마름을 견디고, 꾸짖고 비웃는 것을 참아 견딤으로써 제 몸을 사르는 번뇌의 불을 끈다.

다섯째는 번거로움을 멀리한다. 지혜 있는 사람은 사나운 말[馬]이나 미친개[狂犬]를 가까이 하지 않는 것처럼 가서는 안 될 곳, 사귀어서는 안 될 사람을 만나기를 삼간다. 이것은 번뇌가 일어나는 문을 막는 것이다.

세간에는 오욕(五欲)이 있다. 눈으로 보는 사물, 귀로 듣는 소리, 코로 맡는 향기, 혀로 맡는 맛, 몸에 부딪치는 촉감 등 다섯 가지다.

대개 사람들은 이 다섯 가지에 끄달리고 빠져든다. 여기서 오는 재난을 모른다. 마치 숲속에 사는 사슴이 사냥꾼이 쳐놓은 덫에 치어 사로잡히는 것처럼 사람은 마군의 덫에 걸린다.

오욕, 이것은 마군이 쳐놓은 덫이다. 사람들은 여기에 걸려서 번뇌를 일으키고 괴로움을 받는다. 그러므로 오욕의 덫을 살피고 재난을 보아 덫에서 벗어날 길을 어서 찾아야 한다.

87. 제바달다는 선지식(善知識)

_382. 그때 세존께서 거듭 이 뜻을 펴고자 게송으로 말씀하셨다.

"내가 과거의 업을 생각하니, 큰 법을 잘 따른 공덕으로 세상에 태어나 모든 것을 마음대로 할 수 있는 국왕이 되었으나, 그렇지만 오관(五官)의 욕망에 탐착하지 않았다. 어느 날 국왕은 종을 쳐서 사방에 알렸다. '누군가 생사를 넘는 위대한 법을 가진 이는 없는가? 만일 나를 위하여 그 법을 설하여 주면 나는 그의 노예가 되겠다' 라고.

그때 아사라고 하는 선인이 와서 대왕에게 말하였다.

'나는 깊고 미묘한 법을 가지고 있습니다. 이것은 세계에 그다지 흔하지 않는 것입니다. 만약 대왕이 능히 수행한다면, 나는 대왕을 위하여 법을 설하겠습니다' 라고.

그때 왕은 선인의 말을 듣고, 마음에 큰 환희심을 내어 즉석에서 그 선인을 따라가, 그가 필요로 하는 것을 빠짐없이 공급했다. 장작을 나르고 과실과 풀의 열매를 채집하여 모든 것을 모자람이 없이 준비하여 바치고 공경했다.

왕은 마음에 훌륭한 법을 가지고 있는 까닭에 신체도 마음도 피곤이나 지침이 없었고, 널리 많은 중생을 위해 위대한 법을 힘써 구하고, 자기의 신체나 오관의 욕망을 채우기 위해서는 전혀 일하지 않았다.

그는 큰 나라의 왕이 되어서도 오직 힘써 진리를 구했고 마침내 법을 얻어 성불하기에 이르렀다. 지금 그때의 인연으로 그대들을 위해 법을 설하고 있는 것이다.”

세존께서 모든 비구에게 이르셨다.

“그때의 왕은 곧 나의 이 몸이요, 아사 선인은 지금의 제바달다이니라.”

세존께서 모든 사중(四衆)에게 다시 이르셨다.

“제바달다는 이후 한량없는 겁을 지나서 마땅히 성불하리니, 이름은 천왕여래 · 응공 · 정변지 · 명행족 · 선서 · 세간해 · 무상사 · 조어장부 · 천인사 · 불세존이며, 그 세계 이름은 천도(天道)이니라. 그때 천왕불이 세상에 머무름은 20중겁이니라. 널리 중생을 위하여 묘법을 설하리니, 항하사 중생이 아라한과를 얻으며, 항하사 중생이 연각심을 발하며, 항하사 중생이 위없는 도심을 발해 무생인(無生忍)을 얻어 불퇴전에 이르리라.”

그때 천왕불이 열반에 든 후 정법이 세상에 머무름은 20중겁

이며, 전신(全身)사리로 칠보의 탑을 일으키되 높이는 60유순이
요, 넓이는 40유순이라.

　모든 하늘과 사람이 다 여러 가지 꽃과 말향·소향·도향·
의복·영락·당번·보개·기악·노래와 칠보로 묘탑을 예배
공경하리라. 한량없는 중생이 아라한과를 얻고, 수 없는 중생
이 벽지불이 되며, 불가사의의 중생이 보리심을 일으키어 불퇴
전에 이르리라. 법화경

88. 팔정도와 여러 수행법(修行法)

_383. 삼학(三學)을 널리 배우려면 팔정도와 사념주(四念住), 사정근(四正勤), 오력(五力)과 육도(六度)를 모두 잘 알아야 한다. 불경

_384. 팔정도란, 범부는 깨달음과 해탈열반을 실현하기 위해서 팔정도를 닦고 성현은 이 팔정도로써 삶의 순간 순간에서 깨달음을 구현한다.

그러므로 불자는 팔정도를 골수에 새기고 이 여덟 가지를 하나하나 정확하게 이해하고 어느 때나 자신의 삶의 현장에서 실천하고 구현하려고 노력해야 한다.

부처님께서는 자신의 가르침〔佛敎〕과 다른 종교와의 차이를, 이 팔정도가 있느냐 없느냐로 구분 지을 만큼 팔정도는 중요한 가르침이다.

그래서 『대반열반경』에서 "수밧다여, 어떤 법과 율에서든 팔정도가 없으면 거기에는 사문이 없다. 그러나 나의 법과 율에는 팔정도가 있다. 수밧다여, 그러므로 오직 여기〔불교교단〕에만 사문이 있다. 다른 교설에는 사문들이 없어 텅 비어 있다"고 단

언하셨다.

이와 같은 팔정도는 바른 견해〔正見〕, 바른 생각〔正思〕, 바른 말〔正語〕, 바른 행동〔正業〕, 바른 생활〔正命〕, 바른 정진〔正精進〕, 바른 기억〔正念〕, 바른 선정〔正定〕이다.

1. 바른 견해란, 고집멸도(苦集滅道)의 사제(四諦) 도리를 밝게 알아 인과와 인연의 도리를 믿어 잘못된 견해에 빠지지 않는 것이다.

『가전연경』에서는 연기(緣起)를 아는 것으로 말씀하시고 '있다 없다'를 떠난 정중(正中)의 견해라 했다. 이처럼 정견은 사성제와 연기의 가르침으로 귀결된다.

2. 바른 생각이란, 방자스런 욕망을 부리지 않고〔出離: 욕망에서 벗어남〕, 탐심이나 성냄이나 어리석음이나 내지 다른 사람을 해치는 악한 마음을 갖지 않는 것〔不害〕이다.

이른바 불자들이 세상과 사람에 대해서 항상 지녀야 할 바른 생각이다.

3. 바른 말이란, 망녕스런 말이나 실없는 말이나 거친 말이나 형편에 따라 자기에게 이롭도록 바꾸는 말을 하지 않는 것이다.

4. 바른 행동이란, 산목숨을 죽이거나 남의 물건을 훔치거나

복수초 / 미나리아재비과 / Adonis amurensis Regel & Radde

사음을 하지 않는 것 등이다.

5. 바른 생활이란, 정상적인 사람으로서 부끄러운 생활방식을 갖지 않는 것, 즉 삿된 생계를 버리고 바른 생계로 생명을 영위하는 것이다.

구체적으로는 무기거래, 마약매매 등 바르지 못한 직업으로 생계를 유지하는 것과 특히 출가자가 사주관상 등의 삿된 방법으로 생계를 유지하는 것을 끊어버리는 것이다.

6. 바른 정진이란, 바른 것을 향하여 끊임없이 노력하는 것이다. 아직 일어나지 않은 해로운 법〔不善法〕들을 일어나지 않게 하고, 이미 일어난 해로운 법들을 제거하기 위해서, 그리고 아직 일어나지 않은 유익한 법〔善法〕들을 일어나도록 하고 이미 일어난 유익한 법들을 지속시키기 위해서 마음을 다잡고 노력하는 것이다.

그러므로 선법과 불선법에 대한 정확한 이해가 없다면 아무리 애를 써도 결코 바른 정진이 되지 못한다.

7. 바른 기억〔마음 챙김〕이란, 무슨 일이든 생각을 분명히 하여 깊은 은혜를 잊지 않고 바른 마음〔四念處: 몸·느낌·마음·법〕에 머무는 것이다.

남·북방의 불교사에서 전승되어 오는 여러 수행법은 모두

이 바른 마음 챙김을 특정시대나 환경에 맞게 계발한 것에 지나지 않는다.

안세고 스님은 사띠(sati)를 수의(守意)로 번역하여 마음을 지키고 보호하고 챙기는 의미로 해석했다. 정념(正念)은 빠알리어 삼마사띠(sammaa-sati)의 중국 역이다. 삼마(sammaa)는 '바른, 옳은'을 뜻하는 형용사이므로 중국에서 '正'으로 옮겼고, 사띠(sati)는 '기억하다'에서 파생된 명사다.

마음 챙김에서 가장 중요한 것은 '대상을 분명하게 하는 것'이다.

8. 바른 선정이란, 마음에 어지러움이 없이 어느 때나 바르고 고요하여 항상 지혜가 빛나는 것이다. 초선(初禪), 이선(二禪), 삼선(三禪), 사선(四禪)에 들어 머무는 것으로 정의한다.

「청정도론」에서는 바른 선정을 증득하는 마흔 가지 방법을 말하고 있다. (7,8은 각묵의 해설을 부분 인용 - 편자) 불전

_385. 사념주(四念住)란, 깨달음에 이르기 위한 네 가지 마음 챙김이다.

1. 나의 몸은 여러 가지 물질이 모여서 이루어진 것이기에 언젠가는 허물어진다. 그래서 집착할 것이 아니라고 보는 것이다

〔身念住〕.

2. 좋든 나쁘든 어떤 느낌이 들더라도 그러한 느낌은 모두가 괴로움의 원인이라고 보는 것이다〔受念住〕.

3. 나의 마음은 멈추어 있지 않고 항상 바뀌어 덧없는 것이라고 보며〔心念住〕,

4. 모든 존재는 여러 인연에 의하여 이루어져 있는 것으로서 영원히 머물러 있는 것은 없다〔무아〕고 보는 것이다〔法念住〕.

이 사념주는 범부들이 이 몸과 이 세계에 집착하여 몸은 깨끗하다느니〔淨〕, 세간은 즐거운 것이라느니〔樂〕, 이 마음은 항상된 것이라느니〔常〕, 존재는 실체가 있다느니〔我〕 하는 전도된 생각을 깨뜨린다. 불전

_386. 사정근(四正勤)이란, 깨달음에 이르기 위한 네 가지 바른 노력이다.

1. 이미 생긴 악은 없애려고 노력하고〔斷斷〕,

2. 아직 생기지 않은 악은 미리 방지하고〔律儀斷〕,

3. 아직 생기지 않은 선은 생기도록 노력하고〔隨護斷〕,

4. 이미 생긴 선은 더욱 커지도록 노력한다〔修斷〕.

이 사정근은 사정단(四正斷)이라고도 하는데 이것을 단(斷)이라

고 한 것은 이러한 노력[正勤]이 나태함과 나쁜 행위와 장애를 끊기 때문이다. 불전

_387. 오력(五力)이란, 깨달음에 이르는 다섯 가지 활동이다.

1. 부처님을 믿는[신앙] 것이고[信力],

2. 힘써 부지런히 노력하는 것이며[精進力],

3. 부처님의 가르침을 명심하여 마음 챙김이며[念力],

4. 마음을 한 곳에 모아 흐트러지지 않게 하는 것이며[定力],

5. 부처님의 가르침을 꿰뚫어 보는 밝은 지혜를 간직하는 것이다[慧力].

이 오력은 악을 깨트리는 힘이 있으므로 역(力)이라고 한다. 불전

_388. 육도(六度)란, 보시(布施), 지계(持戒), 인욕(忍辱), 정진(精進), 선정(禪定), 지혜(智慧)의 여섯 가지 수행이다. 이 여섯 가지를 닦으면 생사번뇌가 치성한 이 언덕에서 생사번뇌가 끊인 진리의 저 언덕, 즉 열반세계인 피안에 도달할 수 있으므로 이것을 육도 또는 육바라밀다라고 한다.

보시는 인색한 마음을 버리고 기쁜 마음으로 베푸는 것이요,

지계는 행을 바르게 하여 그 마음을 맑히는 것이고, 인욕은 성내고 성내기 쉽고 거친 마음을 거두는 것이며, 정진은 게으른 마음을 버리고 부지런히 노력하는 것이고, 선정은 산란한 마음을 거두어 안정되게 하는 것이며, 지혜는 어리석고 어두운 마음을 없애어 밝게 하는 것이다. 불전

_389. 육도는 육바라밀다이니 모든 보살이 이를 닦아서 성불하고 불국토를 성취한다. 화엄경

89. 십선(十善)을 닦자

_390. 사람이 자기가 한 일에 대하여 뉘우침이 없고 부끄러워할 줄 모르면 이 세간을 어지럽게 하고 망가뜨리는 것이며, 뉘우침이 있고 부끄러워하면 세간을 안정되게 하여 잘 지키는 일이 된다.

뉘우침과 부끄러워하는 마음이 있으므로 부모님과 스승님께 공경하는 마음을 일으키고, 형제자매와의 질서도 유지된다. 그러므로 스스로를 돌이켜보아 뉘우치고 다시 부끄러워한다는 것은 참으로 귀한 일이라 아니할 수 없다.

참회하는 마음이 일어나면 그것은 이미 죄가 아니다. 참회하는 마음이 없으면 죄는 영구한 죄로 남아 그 사람을 괴롭힌다.

가르침을 바로 듣고 깊이 생각하며 닦아 익힘으로써 법을 이루게 된다. 깊이 생각하지 않고 닦지 않는다면 설사 가르침을 듣더라도 자기 것이 될 수 없다.

믿음〔信仰〕과 뉘우침〔懺悔〕과 부끄러워함〔慙愧〕과 지혜〔智慧〕는 이 세간을 움직이는 가장 참된 힘이다. 불경

_391. 중생들은 열 가지 일로써 선을 삼고 또한 열 가지 일로써 악을 삼는다. 그것은 몸의 셋, 입의 넷, 뜻의 셋이다.

몸의 셋이란 살(殺)·도(盜)·음(婬)이고, 입의 넷이란 양설(兩舌)·악구(惡口)·망어(妄語)·기어(綺語)이고, 뜻의 셋이란 질(嫉)·에(恚)·치(痴)인데 시기하는 것과 성내는 것과 삼보를 믿지 않고 삿된 것을 참된 것으로 삼는 그릇된 견해를 갖는 것이다.

우바새·우바이는 이 가운데서 다섯 가지만 행하면 뒤로 물러서려는 마음이 일어나지 않고, 이 열 가지를 모두 행할 때 반드시 도를 얻게 된다.

범부에게는 여러 가지 허물이 있지만 즉시 알아차려 스스로 뉘우치고 급히 그 마음을 멈춘다면 곧 허물을 벗어날 수 있다.

그러나 뉘우치지 않거나 멈추지 않는다면 죄가 몸에 들어오는 것이 마치 강물이 바다에 흘러들어 스스로 넓고 깊어지는 거와 같다. 설사 허물이 있더라도 그릇된 줄을 알아 허물을 고쳐 선(善)으로 돌아온다면 죄는 날로 소멸하여 마침내 도를 얻게 되리라. 불경

_392. 사람들이 어리석은 마음에서 나쁘게 대하더라도 여래는 사등심(四等心 : 慈悲喜捨)으로써 그들을 대하고 그들을 제도

한다. 그들이 만약 거듭하여 악하게 대해 오면 여래는 거듭거듭 선으로써 그들을 대한다. 복덕의 기운은 항상 내 편에 있는 것이다. 잘못을 거듭하면 해로운 기운은 저 편에 있다. 불경

_393. 어떤 사람들이, 여래가 도를 지키며 크게 인자하다는 말을 듣고 찾아와서는 나쁜 말을 하더라도 여래는 선(善)으로써 그를 대한다. 그가 여래를 더욱 비난할 때도, 여래는 묵묵히 그를 대한다. 그를 가엽고 불쌍하게 보기 때문이다.

이처럼 어둡고 미욱한 자가 어느 날 여래를 나쁜 말로 욕했다. 그의 말이 끝난 뒤 여래는 말씀했다.

"만약 그대가 어떤 사람에게 예물을 바쳤는데 그 사람이 받지 않는다면 예물은 어찌 되는가?"

미욱한 자가 대답했다.

"도로 가지고 돌아갑니다."

"지금 그대가 나를 욕했지만 나는 받아들이지 않는다. 그대가 그것을 모두 가져간다면 그대의 몸은 재난이 있을 뿐이다. 마치 메아리가 소리를 따르고 그림자가 형상을 따르는 거와 같으니 마침내 벗어날 수 없게 된다. 부디 악한 짓을 삼가라." 불경

이팝나무 / 물푸레나무과 / Chionanthus retusus Lindl. & Paxton

90. 가장 밝은 것

_394. 부처님이 말씀하셨다.

"악한 사람이 어진 사람을 해코지하는 것은 마치 하늘을 우러러 침을 뱉는 거와 같다. 침은 하늘을 더럽히지 못하고, 도리어 자기 몸을 더럽힌다.

또 바람을 거슬러 티끌을 날리는 거와 같다. 티끌은 남에게 가지 않고 도리어 자기에게 날아온다.

이와 같이 악한 사람은 어진 사람에게 해를 줄 수 없으니, 화는 반드시 해코지하려는 사람을 해치느니라."

부처님이 말씀하셨다.

"대개 도를 이루고자 하면 널리 사랑하여야 한다. 큰 자비심을 일으켜 베풀어 주라. 덕을 베푸는 것보다 더 큰 것이 없느니라. 뜻을 지키고 도를 받들면 그 복이 매우 크니라. 사람이 도를 행하는 것을 보고 그를 도와 기뻐하면 또한 복된 과보를 받으리라."

사문이 물었다.

"그 복은 다할 때가 있습니까?"

부처님이 대답하셨다.

"비유로 말하면 횃불을 가지고 수백 수천 사람이 가지고 온 다른 횃불에 불을 붙여주어 저들이 그 횃불로 음식을 익혀 먹거나 어둠을 밝히더라도 그 본디의 횃불은 원래대로 있는 거와 같으니 복도 또한 이와 같으니라."

사문이 물었다.

"어떤 인연으로써 도(道)를 얻고 숙명(宿命)을 알 수 있습니까?"

부처님이 대답하셨다.

"도는 형상이 없으므로 알려고 하여도 알기가 어렵다. 다만 요긴한 일은 마땅히 뜻과 행을 잘 지킬지어다. 마치 거울을 갈〔磨〕 때, 때가 없어지면 밝음이 나타나 자기 모습을 저절로 볼 수 있는 것과 같이 욕심을 끊고 공(空)을 지키면 마땅히 도를 볼 것이며 숙명을 알리라."

사문이 물었다.

"어떤 것이 힘이 많은 것이며 어떤 것이 가장 밝은 것입니까?"

부처님이 대답하셨다.

"욕됨을 참는 것이 가장 강한 것이니, 참는 자에게는 원수가 없고 반드시 사람들에게 존중받느니라. 또 마음의 때(垢)가 멸해 다해서 더러움이 없는 것이 밝은 것이니 천지가 있기 전부터 오늘에 이르기까지 시방에 있는 모든 것을 보지 못하는 것이 없고, 알지 못하는 것이 없으며, 듣지 못하는 것이 없어 일체지(一切智)를 얻는 것이니 이것이 밝은 것이니라." 사십이장경

91. 만군(萬軍)과 홀로 싸워 이긴 사람

_395. 부처님께서 말씀하셨다.

"대개 도를 보는 사람은, 마치 횃불을 가지고 어두운 방안에 들어가면 어두움은 곧 없어지고 밝음만 홀로 있듯이, 도를 배워서 진리를 보면 무명(無明)은 곧 없어지고 밝음만 항상 있게 되느니라."

부처님께서 말씀하셨다.

"내 몸 가운데 사대(四大)는 각기 이름은 있지만 실다운 '나'는 없다고 생각하라. '나'는 이미 없으니 있다고 보면 환(幻)과 같은 것이다."

부처님께서 말씀하셨다.

"애욕은 사람에게 있어 마치 횃불을 잡고 바람을 거슬러 가는 것과 같아서 반드시 손을 태울 환(患)을 당한다."

부처님께서 말씀하셨다.

"대개 도를 닦는 사람은, 마치 물에 띄운 나무가 물 흐름을 따라 흘러가는 거와 같다. 양쪽 기슭에도 걸리지 않고, 사람에게 잡히거나 소용돌이에 빠지지도 않고, 또한 썩지도 않으면, 나는 이 나무가 틀림없이 바다에 들어갈 것을 보장한다.

도를 배우는 사람도 이와 같아서 정욕에도 빠지지 않고 삿된 일에도 빠지지 않으며 오로지 힘을 다해 무위(無爲)로 나아간다면, 나는 이 사람은 반드시 도를 얻을 것을 보장한다."

부처님께서 말씀하셨다.

"대개 도를 닦는 사람은, 마치 한 사람이 만 사람(萬軍)을 상대하여 싸우는 거와 같다. 갑옷을 입고 문을 나섰는데 자꾸만 겁이 나 뜻이 약해지는 자도 있고, 혹은 반쯤 가다가 물러서는 자도 있으며, 또 혹은 맞붙어 싸우다가 죽는 자도 있고, 혹은 이겨서 돌아오는 자도 있다.

수행인이 도를 배울 때에는 그 마음을 굳게 가져서 힘써 앞으로 나아가 용맹하게 눈앞에 펼쳐지는 경계를 두려워하지 말고 모든 악마를 쳐부수어야만 도의 열매를 얻는다."

부처님께서 말씀하셨다.

"불자(佛子)가 나에게서 수천 리를 떠나 있더라도 계율을 항상 생각하면 반드시 도를 얻을 수 있겠지만, 설사 내 좌우에 있어 항상 나를 보더라도 계율을 따르지 않으면 마침내 도를 얻지 못할 것이다."

부처님께서 수행자에게 물으셨다.

"사람의 목숨이 얼마동안이냐?"

"며칠 사이에 있습니다."

"너는 아직 도를 모른다."

또 다른 사문에게 물었다.

"사람의 목숨이 얼마동안이냐?"

"밥 먹는 사이에 있습니다."

"너도 아직 도를 모른다."

또 다른 수행자에게 물었다.

"사람의 목숨이 얼마동안이냐.?"

"숨쉬는 사이입니다."

"옳다, 너는 도를 안다."

부처님께서 말씀하셨다.

"대개 도를 닦는 사람은, 마치 무거운 짐을 진 소가 깊은 진흙탕에 빠졌을 때, 비록 피로가 극도에 달했더라도 좌우를 돌아볼 겨를 없이 오직 있는 힘을 다해 진흙탕을 벗어난 뒤라야 비로소 숨을 돌리는 거와 같아야 한다.

　수행자는 마땅히 관하라. 정욕은 진흙탕보다도 더한 것이다. 곧은 마음으로 항상 도를 생각해야 괴로움을 면할 수 있게 되는 것이다." 사십이장경

10장

파라미타

큰금매화 / 미나리아재비과 / Trollius macropetalus (Regel) F.Schmidt

92. 반야바라밀다의 배움과 목적

_396. 그때 수보리가 부처님께 여쭈었다.

"세존이시여, 처음으로 수행의 도에 들어간 보살은 어떻게 반야바라밀다를 배우면 좋겠습니까?"

"처음으로 수행의 도에 들어간 보살이 만약 반야바라밀다를 배우려고 생각한다면, 먼저 반야바라밀다에 대해 다음과 같이 설하여 들려줄 선우(善友)와 가까이 하는 것이 좋다.

즉 '친구여, 오라. 그대는 보시를 행할 때마다, 그 보시의 공덕 전부를 무상(無上)의 깨달음을 위해서 회향하라.

그래서 그 무상의 깨달음을 물질적인 것이든 정신적인 것이건 어떠한 것과도 연관시켜 집착해서는 안 된다. 왜냐하면 모든 것을 아는 지혜를 얻는다는 것은 아무것에도 집착하지 않는 것이기 때문이다.

내지 계(戒)를 지킬 때마다, 인욕을 쌓을 때마다, 정진을 시도할 때마다, 선정을 닦을 때마다, 반야를 획득할 때마다, 지계 · 인욕 · 정진 · 선정 · 반야의 전부를 무상(無上)의 깨달음을 위해서 회향하라.

그리하여 그 무상의 깨달음을 어떠한 것과도 연관시켜 집착해서는 안 된다. 왜냐하면 모든 것을 다 아는 지혜를 얻는다는 것은 아무것에도 집착하지 않는 것이기 때문이다.

그리고 또 어떠한 성문의 경지나 독각의 경지에 대해서도 욕망을 일으켜서는 안 된다' 라고.

수보리야, 처음으로 수행의 도에 들어간 보살은 이렇게 설하여 들려주는 선우에게 이끌려 차츰차츰 반야바라밀다로 들어가는 것이 좋다."

"세존이시여, 무상(無上)의 깨달음을 얻으려고 뜻을 세운 보살은 참으로 하기 어려운 일을 하는 사람입니다."

"수보리야, 네 말이 옳다. '우리들은 이윽고 무상의 깨달음을 얻어 세간의 구제자가 되자. 세간이 의지하는 그늘이 되자. 세간의 휴식처가 되자. 세간의 마지막 의지처가 되자. 세간의 섬이 되자. 세간의 인도자가 되자. 세간의 목적지가 되자' 고 서원하여 세간의 이익을 위해, 세간의 안락을 위해서 뜻을 세운 우리들은 참으로 하기 어려운 일을 하는 사람이다.

수보리야, 보살은 윤회하는 세계에 매여 있는 갖가지 고(苦)를 단절하기 위해서 노력하고 정진하여, 그러한 고에서 중생을 구출한다. 이것이 바로 보살이 세간의 구제자가 된다는 것이다.

보살은 또 태어나고 늙고 병들고 죽어가야 할 성질을 가지고 있고 근심하고 슬퍼하고 괴로워하고 미혹되고 번뇌하는 성질을 가지고 있는 모든 중생을 그러한 성질로부터 완전히 이탈시킨다. 이것이 바로 보살이 세간의 의지하는 그늘이 된다는 것이다.

보살은 또 물질적인 것이든 정신적인 것이든 어떠한 것에도 집착하지 않는 도리를 안다. 즉 어떠한 것도 나지 않고 없어지지 않는 도리를 알아서 중생을 위해 법을 설한다. 이것이 바로 보살이 세간의 휴식처가 된다는 것이다.

수보리야, 어떠한 법일지라도 법의 구극(究極)의 양상, 공(空)으로서의 양상이 곧 그 법은 아니다. 그러나 그 구극의 양상처럼 그렇게 모든 법은 있는 것이다." 대품반야

93. 보살의 좋은 벗

_397. 부처님께서 다시 수보리에게 말씀하셨다.

"만약 보살이 무상(無上)의 깨달음을 얻고자 한다면 좋은 벗(善友)에게 친근하지 않으면 안 된다."

"세존이시여, 보살의 좋은 벗이란 어떤 사람입니까?"

"모든 부처는 보살의 좋은 벗이다. 육바라밀다는 보살의 좋은 벗이며, 보살의 스승이고 도(道)이며 등불이고 횃불이다.

수보리야, 과거의 부처들도, 미래의 부처들도, 현재의 모든 불국에 있는 부처들도 모두가 육바라밀다에서 나온다.

왜냐하면 모든 부처는 본래 보살로서 육바라밀다를 실천하여 첫째, 물건이나 가르침을 보시하고, 둘째 부드러운 말을 쓰고, 셋째 갖가지 이익을 주며, 넷째 고(苦)·낙(樂)·비(悲)·희(喜)를 함께 하는 네 가지를 가지고 중생을 섭수하고 구제하며, 그래서 마침내 무상의 깨달음을 얻기 때문이다.

수보리야, 그렇기 때문에 육바라밀다야말로 보살의 스승이며, 아버지이며, 어머니이며, 휴식처이고, 의지하는 그늘이며, 기착하는 섬이고 구제의 손길이며, 마지막 의지처라는 것을 알아야 한다.

또 수보리야, 그것을 방해하는 아무것도 없는 것이 반야바라
밀다의 특성이다. 반야바라밀다가 아무런 방해하는 것을 가지
고 있지 않듯이 모든 법도 또한 아무런 방해하는 것을 갖지 않
는다. 왜냐하면 모든 법은 공이며 실체로서의 존재를 떠나 있
기 때문이다."

"세존이시여, 만약 모든 법이 공이며 실체로서의 존재를 떠나
있다면 어찌하여 중생에게 염오(染汚)가 있고 청정이 있습니
까?"

"수보리야, 중생에게 '나[我]'라든가 '나의 것[我所有]'이라든
가 하는 생각이 있을 때, 그 사람은 미혹의 생사를 왕래하게 된
다. 이와 같은 중생을 염오된 사람이라고 한다.

그는 존재[法]에 대하여 무엇인가 있다고 하는 고정적인 수용
태도를 가지고 있고 그것에 집착하기 때문이다. 그러나 실은
거기에 염오도 없고 염오를 가진 사람도 없다.

수보리야, 중생이 어떠한 존재[法]에 대해서도 무엇인가 있다
고 하는 고정적인 수용태도를 갖지 않고, '나'라든가 '나의 것'
이라든가 하는 생각이 없을 때, 이와 같은 중생을 청정한 사람

이라고 한다.

그러나 실은 거기에 청정도 없고 청정함을 가진 사람도 없다. 다만 이와 같은 보살을 반야바라밀다의 도를 실천하는 사람이라고 한다." 대품반야

94. 반야바라밀다를 들음에 이익이 있다

_398. 부처님께서 석제환인(釋提桓因)에게 말씀하셨다.

"교시가(釋提桓因)여, 그대는 마땅히 이 반야바라밀다를 받아지니고, 독송하며 설하고 바르게 사유하여야 한다. 왜냐하면, 만약 모든 아수라들이 마음에 탐욕심을 내어 33천과 싸우려 한다면, 교시가여 그대는 그때 마땅히 반야바라밀다를 송념(誦念)해야 한다. 그러면 아수라들의 나쁜 마음이 즉시 없어져 다시는 일어나지 않기 때문이다.

교시가여, 만약 천자나 천녀들에게 다섯 가지 죽음의 모양이 나타나면, 그들은 틀림없이 나쁜 곳에 떨어질 조짐이니, 그대는 반드시 그들 앞에서 반야바라밀다를 독송해야 한다. 이 천자·천녀는 반야바라밀다를 듣는 공덕에 의해서 도리어 원래의 자리에 태어나게 된다. 왜냐하면 반야바라밀다를 들음에 크나큰 이익이 있기 때문이다.

또한 교시가여, 선남자나 선여인, 혹은 천자나 천녀들은 이 반야바라밀다를 듣는 공덕에 의해 마침내는 반드시 아뇩다라삼먁삼보리를 얻는다. 왜냐하면 교시가여, 과거의 모든 부처님

및 제자들은 모두 이 반야바라밀다를 배워서 아뇩다라삼먁삼보리를 얻어 무여열반에 들었기 때문이며, 미래세의 모든 부처님, 지금 현재 시방의 모든 부처님 및 제자도 이 반야바라밀다를 배워서 아뇩다라삼먁삼보리를 얻어 무여열반에 들기 때문이다.

교시가여, 그것은 이 반야바라밀다가 일체의 선법(善法)·성문법·벽지불법·보살법·불법을 모두 포섭하기 때문이다.”

교시가가 부처님께 말씀드렸다.

“세존이시여, 반야바라밀다는 대명주(大明呪)이며, 무상명주(無常明呪)이며, 무등등명주(無等等明呪)입니다. 왜냐하면 세존이시여, 이 반야바라밀다는 능히 일체의 불선법(不善法)을 없애고, 일체의 선법을 주기 때문입니다.”

부처님께서 교시가에게 말씀하셨다.

“그렇다. 정말 그러하다, 교시가여. 반야바라밀다는 대명주이며, 무상명주이며, 무등등명주이다. 왜냐하면 교시가여, 과거의 모든 부처님은 이 명주(明呪)에 의한 연고로 아뇩다라삼먁삼보리를 얻었고, 미래세의 모든 부처님, 지금 현재 시방의 모든 부처님도 또한 이 명주에 의해서 아뇩다라삼먁삼보리를 얻기 때문이다.”

교시가가 부처님께 말씀드렸다.

"세존이시여, 무엇이 선남자 선여인이 반야바라밀다를 염송해서 얻게 되는 금세 및 후세의 공덕입니까?"

부처님께서 교시가에게 말씀하셨다.

"만약 선남자 선여인이 반야바라밀다를 염송하면 독약을 먹게 되어 죽는 일도 없고, 칼에 다치지도 않으며, 물이나 불의 위험에 떨어지지도 않고, 그리고 온갖 질병[四百四病]에 걸리지도 않는다." 마하반야바라밀경

95. 최상의 보시공덕

_399. 가난한 사람이 와서 도움을 청하여 베푸는 것은 보시이기는 하지만 최상의 보시라 할 수 없다.

오직 스스로 마음을 열어 자진하여 베푸는 것이 최상의 보시이다. 또 때때로 베푸는 것은 최상의 보시라 할 수 없고 항상 끊임없이 베푸는 것이 최상의 보시이다.

베푼 다음에 후회하거나 교만한 마음을 내는 것은 최상의 보시가 아니다. 베풀고 기뻐하며 베푼 자기도 받은 사람도 베푸는 물건도, 이 세 가지 모두를 마음에 두지 않는 것이 최상의 보시이다[三輪淸淨].

그러므로 바른 보시는 주고받는 사람을 잊고 물건에 집착이 없으며 과보를 바라지 않고 자비심으로써 선뜻 재물뿐만 아니라 귀한 것을 베풀어 모두 함께 깨달음에 들기를 기원하는 것이어야 한다. **대반열반경**

_400. 도를 구하는 사람이 반드시 닦아야 할 네 가지가 있으니, 그것은 자(慈)와 비(悲)와 희(喜)와 사(捨)의 네 가지 큰마음[四

삼지구엽초 / 매자나무과 / Epimedium koreanum Nakai

無量心)이다.

자(慈)는 사랑스럽게 생각하여 기쁨을 주어 돕고 성장시키는 것이다. 부모가 자녀의 모체가 되어 무엇이든 다 흔연히 주는 것처럼 주어야 자(慈)를 닦는 사람은 탐심을 끊게 된다.

비(悲)는 슬프고 아파함을 나누고 돕는 것이다. 상대방 입장이 되어 그 사람의 슬픔과 아픔을 나누는 것으로 비(悲)를 닦으면 성내는 마음을 끊게 된다.

희(喜)는 다른 사람의 기쁨을 자신의 기쁨으로 대하는 것이니, 이렇게 닦을 때 자신이다 남이다 하는 대립갈등의 집착에서 오는 괴로움을 끊게 된다.

사(捨)는 자신이 한 행위에 대하여 뽐내지 않고 또한 원망스럽게 대하여 오는 사람에게도 한결같이 평등하게 보고 차별하지 않아 애증원친(愛憎怨親)에 있어서 마음이 평등한 것이다.

많은 사람들에게 다행스러움과 즐거움을 주는 것은 큰 자(慈)이다. 또 저들에게 즐겁지 않은 일을 소멸시켜 주는 것은 큰 비(悲)이고, 또 저들에게 기쁜 마음으로 대하는 것은 큰 희(喜)이고, 또 저들에게 격의 없이 평등하게 대하는 것은 큰 사(捨)이다. 불경

_401. 옛날 어느 나라에 오무기(五武器)라는 왕자가 있었다. 오무기라는 이름은 스승에게 무예를 배워 다섯 가지 무기를 잘 써서 얻은 이름이다.

왕자는 공부를 마친 뒤, 스승과 작별하고 고국으로 돌아가는 길에 광야를 지나게 되었는데, 거기에는 지모(脂毛)라는 괴물이 있어 길을 가로막았다. 괴물의 키는 높은 나무와 같고, 입에는 부리 같은 이빨이 솟았고, 온 몸이 기름이 줄줄 흐르는 털로 뒤덮여 있었다.

지모는 왕자에게 덤벼들었다. 왕자는 활을 쏘았다. 그러나 화살은 털에 붙을 뿐이었다. 칼도 창도 봉(棒)도 연속으로 휘둘렀지만 역시 털에 들러붙고 말았다. 모든 무기를 잃은 왕자는 이번에는 주먹으로 치고, 발로 차며 머리로 지모의 가슴을 들이받았다. 그러나 역시 털에 들러붙어 몸을 움직일 수 없게 되었다.

지모는 말했다.

"이제 너는 나의 밥이다."

왕자는 여유를 잃지 않고 웃으며 말했다.

"너는 나의 무기가 다한 줄 알지만 나에게는 아직 금강이라는 무기가 남아 있다. 네가 나를 잡아먹는다면 나는 이 무기로써 너의 배 안에서 온 몸을 다 찢어놓고 말 것이다."

지모는 그 말을 듣자 문득 두려운 생각이 들어 왕자를 땅에 내려놓았다. 그리고 이제까지의 잘못을 참회했다.

이처럼 몇 번 쓰러져도 다시 일어나며, 몇 번 깨져도 끝까지 용기를 잃지 않는 것이 바른 정진이다.

바른 정진에서 바른 지혜가 생기며 바른 보시가 이뤄진다. 불경

96. 오(五)바라밀다행

_402. 부처님께서 수보리에게 말씀하셨다.

"보살마하살이 보시바라밀다를 행할 때, 만약 중생이 춥고 배고픔으로 괴로워함을 보게 되거든 보살마하살은 마땅히 이렇게 원을 세워야 한다. 즉, '나는 지금부터 성불할 때까지 언제, 어느 때나 보시바라밀다를 행하고, 내가 아뇩다라삼먁삼보리를 얻을 때 우리 국토의 중생은 이와 같은 어려운 일이 없고, 의복·음식·생활도구의 갖추어짐이 바로 사천왕천 내지는 타화자재천과 같이 해야겠다' 라고.

수보리야, 보살마하살은 이와 같이 행을 실행하여 능히 보시바라밀다를 구족하고 아뇩다라삼먁삼보리에 다가서는 것이다.

또한 수보리야, 보살마하살이 지계바라밀다를 행할 때, 중생이 살생 내지는 사견·단명·다병·나쁜 안색·위덕이 없는 것·가난해 재물이 부족한 것·천한 집에 태어나 형상이 더러운 것을 보게 되거든 마땅히 이렇게 원을 세워야 한다. 즉, '나는 지금부터 성불할 때까지 언제, 어느 때나 지계바라밀다를 행하고, 내가 부처를 이룰 때, 우리 국토의 중생은 이와 같은 어려운 일이 없게 해야겠다' 라고.

　수보리야 보살마하살은 이와 같이 행을 실행하여 능히 지계바라밀다를 구족하고 아뇩다라삼먁삼보리에 다가서는 것이다.

　또한 수보리야, 보살마하살은 인욕바라밀다를 행할 때, 모든 중생들이 서로서로 성을 내어 분노하고, 욕하고 비방하며, 칼이나 창, 혹은 돌이나 기왓조각을 가지고 서로 상처를 입히고 장해를 주며 목숨을 빼앗는 것을 보고서는 마땅히 이렇게 원을 세워야 한다. 즉, '나는 지금부터 성불할 때까지 언제, 어느 때나 인욕바라밀다를 행하여 우리 국토의 모든 중생은 이와 같은 어려운 일이 없고, 상대방을 보기를 아버지와 어머니와 같이, 형과 아우와 같이, 언니와 동생과 같이 하며, 선지식과 같이 대해서 모두가 자비를 행하게 해야겠다' 라고.

　수보리야, 보살마하살은 이와 같이 행을 실행하여 능히 인욕바라밀다를 구족하고 아뇩다라삼먁삼보리에 다가서는 것이다.

　또한 수보리야, 보살마하살은 정진바라밀다를 행할 때에, 중생이 게으르고 느슨해서 정진에 힘쓰지 않고, 삼승(三乘)인 성문승 · 벽지불승 · 불승을 버리는 것을 보고는 마땅히 이렇게 원을 세워야 한다. 즉, '나는 지금부터 성불할 때까지 언제, 어느 때나 정진바라밀다를 행하고, 내가 아뇩다라삼먁삼보리를 얻을 때, 우리 국토의 모든 중생은 이와 같은 어려운 일이 없고, 일체 중생이 힘써 정진하고 삼승을 좇아 각각 도탈(度脫 : 解脫)을 얻게 해야겠다'라고.

수보리야, 보살마하살은 이와 같이 행을 실행하여 능히 정진바라밀다를 구족하고 아뇩다라삼먁삼보리에 다가서는 것이다.

또한 수보리야, 보살마하살이 선정바라밀다를 행할 때, 중생은 오온으로 되었기에 음욕 등에 의해 초선(初禪) 내지 사선(四禪)을 잃고, 자비희사(慈悲喜捨) 등을 상실한 것을 보아서 마땅히 이렇게 원을 세워야 한다. 즉, '나는 지금부터 성불할 때까지 선정바라밀다를 행하고, 내가 아뇩다라삼먁삼보리를 이룰 때, 우리 국토의 중생은 이와 같은 어려운 일이 없게 해야겠다'라고. 수보리야. 보살마하살은 이와 같이 행을 실행하여 능히 선정바라밀다를 구족하고 아뇩다라삼먁삼보리에 다가서는 것이다. 대품반야경

_403. 수보리야, 반야바라밀다를 닦는 보살에게는 잡염심(雜染心)·의혹심(疑惑心)·증질심(憎嫉心)·간탐심(慳貪心)·파계심(破戒心)·진뇌심(瞋惱心)·해태심(懈怠心)·산란심(散亂心)·우치심(愚痴心)이 생기지 않느니라. 불모출생경

97. 반야바라밀다를 영원히 머물게 하라

_404. 그때 회중(會中)에 있던 사천왕의 모든 아들 내지는 아가니타제천의 아들들이 하늘 꽃을 허공 중에서 만들어 내어 부처님 위에 뿌리면서 말씀드렸다.

"세존이시여, 원컨대 반야바라밀다를 이 염부제에 영원히 머물게 해 주소서. 만약 반야바라밀다가 영원히 머물면 불·법·승도 또한 마땅히 영원히 머물게 되옵고, 그리고 분별해서(반야법문을 밝혀서) 보살마하살도를 알게 합니다. 또한 어떤 곳에 선남자·선여인이 있어서 반야바라밀다 경권을 베껴 쓰거나 몸에 지니면〔書寫受持〕, 그곳은 바로 조명이 될 뿐만 아니라, 일체의 어둠을 여의게 됩니다."

부처님께서 교시가〔석제환인〕 등 모든 천자에게 말씀하셨다.

"그렇다, 과연 그렇다. 교시가 및 일체의 하늘나라 사람, 그리고 염부제의 사람들이 반야바라밀다를 수지하고 그래서 반야바라밀다가 머물고 유포되면 불보가 이와 같이 머물게 되고 법보·승보도 또한 이와 같이 머물며, 내지 어떤 곳의 선남자·선여인이 반야바라밀다 경권을 사경하거나 몸에 지니면, 그곳이 곧 조명이 되고, 따라서 일체의 어둠을 여의게 된다."

그때 모든 하늘나라 사람이 하늘 꽃을 만들어 부처님 위에 뿌리면서 말씀드렸다.

"세존이시여, 만약 선남자·선여인이 반야바라밀다를 수지 내지 정억념(正憶念)하면 마군 혹은 마군의 족속들이 그 기회[사람들을 해칠 틈]를 얻을 수가 없습니다. 세존이시여, 저희들은 반드시 이 선남자·선여인을 옹호하겠습니다.

왜냐하면, 선남자·선여인이 반야바라밀다를 수지하고 내지 정억념하면 저희들은 이 사람을 부처님같이 보고 혹은 부처님 다음 가는 분으로 보기 때문입니다."

이때 교시가가 부처님께 말씀드렸다.

"세존이시여, 반야바라밀다를 수지 내지 정억념하는 선남자·선여인을 이렇게 알아야 합니다. 이 사람은 과거세에 부처님 처소에서 지은 공덕이 많고, 제불에게 친근하고 공양했으며, 선지식을 위해 정성을 기울였습니다.

세존이시여, 제불(諸佛)의 일체지(一切智)는 마땅히 반야바라밀다에서 구해야 하고, 반야바라밀다 또한 마땅히 일체지에서 구해야 합니다. 왜냐하면 반야바라밀다는 일체지와 다르지 않고, 일체지는 반야바라밀다와 다르지 않아서, 반야바라밀다와 일

새우난초 / 난초과 / Calanthe discolor Lindl

체지는 둘이 아니고 다른 것이 아니기 때문입니다.

　이 때문에 저희들은 이 사람을 보기를 부처님같이 하고 혹은 부처님 다음 가는 분으로 봅니다." 마하반야바라밀경

* 반야바라밀다는 지혜의 완성이다. 주의할 것은 장차 완성한다든가 어떤 조건이 붙은 완성이 아니라 이미 원만구족하게 완성되어 있다는 점이다. 경에 이르기를 "반야바라밀다는 모든 부처님과 부처님의 법이 나온 곳"이라고 하여 불모(佛母)라고 한다. 모든 부처님이 부처님이게 된 근거는 반야바라밀다라 하였으며, 그러므로 모든 부처님에 앞서 반야바라밀다를 공경하고 공양하라 하였다. 이에 진리의 길을 찾는 사람, 진리의 길을 가는 사람은 마땅히 반야바라밀다를 구해야 한다. 개인의 완성, 사회의 완성, 역사와 국토의 완성에 있어서 무엇보다 반야바라밀다를 구해야 한다.

98. 보살의 덕

_405. 다음 네 가지는 진실한 보살이 지닌 덕이다.

첫째, 모든 존재의 본성이 공(空)한 것임을 알면서도 행동의 결과는 믿어 의심치 않는다.

둘째, 중생이 무아임을 알면서도 그들에게 자비심을 지닌다.

셋째, 진리를 구하는 자기 마음은 열반으로 향해 있지만 윤회의 세계에서 살아간다.

넷째, 중생들에게 필요한 것을 베풀지만 그 갚음을 기대하지 않는다.

잘 길들여진 코끼리는 무거운 짐을 나를지라도 지치는 일이 없듯이, 마음을 잘 닦은 보살은 중생의 무거운 짐을 지더라도 지치지 않는다. 보적경

_406. 보살이 청정한 행을 갖추려면 사랑하고(慈), 가엾이 여기고(悲), 기뻐하고(喜), 버리는(捨), 네 가지 한량없는 마음(四無量心)을 닦아야 한다.

첫째, 사랑하는 마음을 닦는 이는 탐욕을 끊게 되고

둘째, 가엾이 여기는 마음을 닦는 이는 성내는 일을 끊게 되며

셋째, 기쁜 마음을 닦는 이는 괴로움을 끊게 되고

넷째, 버리는 마음을 닦는 이는 탐욕과 성냄과 차별 두는 마음을 끊게 된다.

이 네 가지 한량없는 마음은 온갖 착한 일의 근본이 된다. 열반경

_407. 보살이 보시하는 것은 명예나 이익을 위해서가 아니고 더구나 남을 속이기 위해서도 아니다.

그러므로 보시를 했다고 하여 교만한 마음을 내거나 은혜 갚기를 바라지 않는다. 모름지기 보시를 할 때는 자기를 돌아보지 말아야 하고, 받을 사람을 가려서도 안 된다.

보살은 중생[이웃]에게 널리 베푼다. 베풀고 나서 후회하거나 아까워하거나 대가를 바라거나 명예를 구하거나 자기 이익을 바라지 않는다. 오직 모든 이웃을 구제하고 이롭게 할 뿐이다.

보살은 모든 성인들이 쌓은 행을 배우고 생각하고 좋아하며 몸소 실천하고 남에게 말하여 이웃에게 괴로움을 여의고 즐거움을 얻게 하려는 것이다.

이웃들이 와서 달라고 청하더라도 보살은 조금도 싫어하거나

성가시게 여기지 않고 더욱 자비하고 즐거운 마음으로 이렇게 생각한다.

'이 이웃들은 나의 복밭이고 나의 선지식이다. 내가 찾아가지도 않고 청하지도 않았는데 몸소 와서 나를 바른 법에 들게 하는구나. 나는 이와 같이 배우고 닦아 모든 이웃들의 마음을 서운하게 하거나 어기지 않으리라.' 그리고 다음과 같이 염원한다.

'내 보시를 받은 이웃들은 모두 바른 깨달음을 얻고 평등한 지혜를 가지며, 바른 법을 갖추어 널리 선행을 닦다가 열반에 들지어다. 만약 한 이웃이라도 마음에 흡족하게 생각하지 않는다면 나는 결코 바른 깨달음을 얻지 않으리라.' 화엄경

_408. 보살과 여래는 자비심이 근본이다. 보살이 자비심을 일으키면 한량없는 선행을 할 수 있다. 어떤 사람이, 무엇이 모든 선행의 근본이냐고 물으면 자비심이라고 대답하라.

자비심은 진실해서 헛되지 않고, 선한 행은 그 진실한 생각에서 일어난다. 그러므로 진실한 생각은 곧 자비심이며, 자비심은 곧 여래다. 열반경

99. 반야로 온 누리를 비추자

_409. 불성은 끝이 없다. 축생에게도 아귀에게도 지옥중생에게도 끊인 바가 없다. 때 묻은 몸에도 짙은 번뇌의 숲속에도 불성광명은 변함없이 감추어져 있다.

옛날에 어떤 사람이 친구 집에 가서 술대접을 받고 취해 잠들었다. 그 사이에 주인은 바쁜 일이 있어 집을 나서게 되었다. 주인은 친구의 장래를 생각하여 옷 속에 값으로 따질 수 없는 귀한 보배구슬인 무가보주(無價寶珠)를 넣어주고 떠나갔다.

그런 줄도 모르고 그 사람은 술에서 깨어나 예전처럼 여러 나라를 유랑하며 어려운 생활을 계속하였다. 하루하루 조그마한 소득이 있으면 그것으로 목숨을 지탱하여 만족을 삼으며 지내던 어느 날, 그 친구를 다시 만났다. 깜짝 놀란 친구는 말했다.

"아니 자네, 이게 웬일인가? 도대체 이 몰골이 뭔가? 내가 지난번에 그대가 편안하고 행복하게 지내도록 무가보주를 그대 옷 안에 넣어두지 않았던가? 그런데 그것을 몰랐나?

아니 글쎄, 보배를 몸에 안고 다니면서도 그것을 모르고 이렇게 고생을 하고 있으니 참으로 안타깝고 어리석은 일일세. 어서 내가 준 그 무가보주로 필요한 물건을 구하여 안락하게 살게나, 부족한 것이 없을 걸세." 법화경

* 여기 보이는 무가보주와 같이 불성(佛性)의 보주는 비록 삼독심〔三毒心 : 탐심 · 진심 · 치심〕이 뒤끓는 번뇌의 옷 속에 들어 있지만 조금도 손상되지 않는다.

_410. 부처님께서는 보리수 아래에서 도를 이루시고 이와 같이 첫 사자후를 하셨다. "기이하도다, 참으로 기이하도다. 일체 중생 모두가 여래의 지혜덕상(智慧德相)을 원만히 갖추고 있구나…."

참으로 모든 중생은 부처님의 지혜를 차별 없이 갖추고 있다. 그런데도 중생들은 어리석음에 싸여 생각이 거꾸로〔顚倒〕 되어 불성을 보지 못하므로 부처님은 온갖 방편을 베풀어서 중생의 망상을 쉬게 하여 본래부터 부처님과 다름없는 자신을 알도록 해주신다.

이 불성을 덮고 있는 번뇌는 두 가지가 있다. 하나는 미혹한 이성(理性)의 번뇌로서 견혹(見惑)이라 하고, 또 하나는 실제 일상생활 속의 미혹한 감정의 번뇌로서 사혹(思惑)이라 한다. 그

리고 번뇌의 근본을 추궁해 들어가 보면, 첫째는 무명(無明), 둘째는 애착과 집착이다〔愛執〕. 결국 이 무명과 애착·집착이 견혹·사혹 등, 온갖 번뇌를 불러일으키는 것이다.

무명은 무지(無智)로서 도리에 어두워 견혹의 근본이 된다. 애집(愛執)은 심한 욕망으로서 생에 대한 집착이 근본이고, 보고 듣는 것에 욕심내어 강한 욕구가 따르며, 온갖 업을 지어 스스로를 괴롭히고 죽음을 부르며 사혹의 근본이 된다.

이 무명과 애집이 근원이 되어, 탐·진·치·사견·원망·질투·첨곡·교만 등 가지가지 번뇌가 생기게 된다. 승만경

100. 당신은 성불하십니다

_411. 옛날에 한 보살이 있었으니 그는 만나는 모든 사람에게 누구나 가리지 아니하고 예배하고 찬탄하면서 이렇게 말하였다.

"당신들을 공경하고 감히 가벼이 여기지 않습니다. 왜냐하면 당신들은 보살도를 행하여 성불할 분이시기 때문입니다". 그래서 그 보살의 이름을 상불경(常不輕)이라 하였다.

이 보살비구는 경전을 지극한 마음으로 읽거나 외우는 것보다 사람들을 만나면 멀리서부터 뛰어가서 예배하고 찬탄하면서, "나는 당신들을 가벼이 하지 않나니 당신들은 모두 성불할 분입니다"라고만 하였다.

사부대중 가운데 화를 잘 내는, 마음이 부정한 자가 있어 이 보살비구에게 나쁜 말로 욕하기를, "이 무지한 비구야, 어디서 와서 스스로 말하기를 우리에게 마땅히 성불하리라고 예언하느냐? 우리는 그런 허망한 소리를 듣지 않느니라" 하였다.

이렇게 여러 해를 다니면서 온갖 욕설을 당해도 성내지 않고 항상 똑같이 말하기를, "당신들은 마땅히 성불합니다"라고만

하였다. 이렇게 말할 적에 어떤 사람들이 나무막대기로 치거나 돌을 던지면 피해 멀리 달아나면서도 목소리를 높여 외치기를, "나는 당신들을 가벼이 하지 않습니다. 당신들은 마땅히 성불합니다" 하였다.

그가 항상 이렇게 말하므로 증상만(增上慢)의 사부대중에게 상불경이라는 별명을 얻은 것이다. 이 보살비구가 임종하려 할 때, 허공에서 위음왕불이 앞서 말씀하신 『법화경』 이십천만억 게송이 들려와 모두 듣고 다 능히 받아 지녀 육근이 청정함을 얻고 다시 수명이 증장하여 한량없는 세월동안 법화경을 널리 선전하였다.

이때에 뛰어난 체, 잘난 체 하던 비구·비구니·우바새·우바이들로서 이 사람을 천대하여 상불경이라는 별명을 짓던 이들이 그가 큰 신통의 힘과 변재의 힘과 매우 착하고 고요한 힘을 얻는 것을 보고, 또 그 말하는 법을 듣고는 모두 믿고 복종하였으며, 또한 이 보살이 다시 많은 사람들을 교화하여 아뇩다라삼먁삼보리에 머물게 하였다.

득대세보살이여, 이 상불경보살이 여러 부처님께 공양하고 공경 찬탄하여 모든 선근을 심었으며 많은 부처님을 만났고 또 공덕이 이루어져 성불하게 되었느니라.

득대세보살이여, 그때에 상불경보살이 어찌 다른 사람이랴. 내 몸이 그였으니 내가 과거에 이 경전을 받아 지니고 읽고, 외우고, 다른 이를 위하여 말하지 않았더라면 아뇩다라삼먁삼보리를 빨리 얻지 못하였느니라.

득대세보살이여, 그때의 사부대중인 비구·비구니·우바새·우바이들은 성내는 마음으로 나를 천시하였으므로 이백억 겁 동안에 부처님을 만나지 못하고 법을 듣지 못하고 스님들을 보지 못하였고, 또 일천 겁 동안을 아비지옥에서 큰 고통을 받았고 그 죄보가 끝나고는 다시 상불경보살을 만나서 그의 아뇩다라삼먁삼보리로 교화를 받았느니라. 법화경

연기 〔보시와 자비〕 를 무주상으로 실천하는 식물

이택주(李宅周) | 한택식물원 원장

1. 변 명

산에 묻혀 식물과 어울려 살아가는 나는 불법(佛法)에 대한 이해가 거의 없다. 그러한 내가 불교와 관계된 글을 쓴다는 것은 분명 망설여지고 주저되는 일이다. 하지만 식물과 더불어 살다 보니 부처님의 말씀 중 '보시'와 '연기'를 이 지구상에서 가장 철저하게 행하면서 살아가는 부류가 식물이라는 생각을 어느 새 갖게 되었다.

마침 이웃에 사는 송암스님이 '부처님 말씀과 꽃을 내용으로 하는' 책을 꾸민다기에 참 재미있고도 의미 있는 발상이구나 하는 생각이 들어 책 말미에 내가 아는 식물에 대한 이해를 몇 자 적어 보기로 했다. 오늘 현대를 살아가는 우리 인간들이 삶의 귀감으로 삼을 만하다는 생각이 들어서였다.

2. 식물도 노력한다

2,3월에 꽃을 피우는 식물들은 햇볕을 좋아하는 양지성 식물인데 묘하게도 키 큰 나무와 무슨 특별한 인연이 있는지, 키 큰 나무 밑에서 생존한다. 햇볕을 좋아하는 이 식물들은 5월 중순이 되면 키 큰 나무들의 잎이 무성하여 햇빛을 차단당한다. 그래서 주어진 환경에 순응하느라 녹음이 우거지기 전에 서둘러 꽃을 피우고 종자를 맺어 결실을 끝낸다.

녹음이 우거지기 시작하는 5월 중순이 되면 서서히 잎을 떨어뜨리고 다시 내년 봄을 기약하며 오랜 휴면에 들어간다. 이런 종류의 우리 자생식물로는 복수초, 얼레지, 현호색, 학명이 아네모네(Anemone)인 바람꽃 속(屬)의 식물들이 있고 도입 외래식물로는 누구나 잘 아는 수선화, 튤립 등이 있다.

식물이 꽃을 피우고 열매를 맺는 것은 마치 동물이 산고를 겪는 것과 같다. 식물은 그동안 뿌리에 저장해 두었던 모든 영양분을 다 쓰면서 꽃을 피운다. 우리들은 꽃을 보고 마냥 즐거워하지만 식물은 번식을 위해 자신의 모든 힘을 다 쏟아 부어 꽃을 피워낸다. 알고 보면 식물은 동물보다 더 혹독한 산고를 겪으면서 꽃을 피운다.

가장 쉬운 예로 복수초를 들 수 있다. 복수초는 2월 초, 꽁꽁 얼

어붙은 땅을 자기 체온으로 녹여가며 차가운 얼음 사이를 뚫고
나온다. 복수초는 땅속에서 간신히 나왔다 해도 매서운 찬바람
에 살아가기가 어렵다. 그래서 복수초의 꽃봉오리는 찬바람의
횡포를 되도록 덜 받으며, 또 땅에서 솟아오르는 온기에 의지하
기 위해 땅에 납작 엎드려 꽃을 피운다.
복수초의 두툼한 뿌리에 저장하였던
영양분은 이때 거의 소모한다. 꽃이
피었다 해도 에너지 소모를 가능한
한 줄이기 위하여 매개곤충이 활동하는
오전 10시부터 오후 3시까지만 꽃을 피운
다. 곤충이 오지 않는 밤이나 눈비가 오거
나 바람이 세차게 부는 날에는 아예 꽃잎을
닫아버린다. 복수초는 온갖 노력을 기울여
꽃잎을 열었다가 오므리는 일을 반복한다.
그런 중에 수정이 되는 순간 꽃잎을 이내
떨구어 버린다.
또 우리가 잘 아는 당귀의 경우도 일단
꽃을 피워 결실이 되면 곧
죽는다. 꽃을 피우느라 너
무 많은 에너지를 소모
했기 때문이다. 수선

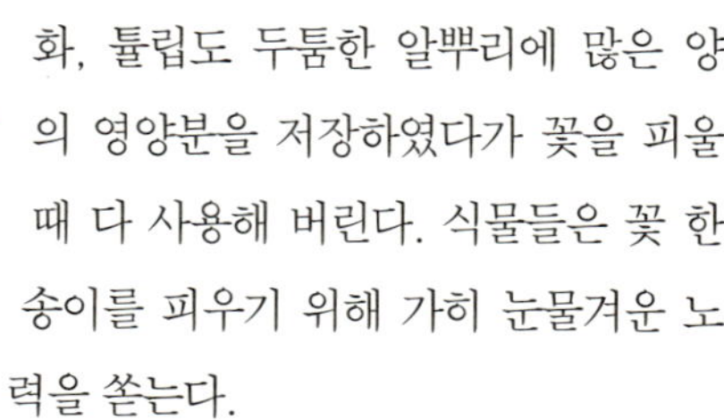

화, 튤립도 두툼한 알뿌리에 많은 양
의 영양분을 저장하였다가 꽃을 피울
때 다 사용해 버린다. 식물들은 꽃 한
송이를 피우기 위해 가히 눈물겨운 노
력을 쏟는다.

5월 초부터 6월 초까지 한 달여 동안, 상
상할 수도 없는 천문학적 숫자의 꽃가루가
이 지구상에 떨어진다. 크게 성장한 오리나무
한 그루에는 수꽃〔雄花〕꼬투리가 수천 개 달리는데 이 꼬투리
한 개에서 약 300만 개의 꽃가루가 바람에 날린다고 한다. 바람
을 이용하여 수정하는 키 큰 나무는 모두 이 오리나무와 비슷하
다. 소나무에서 날리는 꽃가루〔송홧가루〕를 연상하면 더 쉽게 이해
할 수 있을 것이다. 식물들의 꽃가루는 최상의 고단백질로 이루
어진 결정체이지만 그 표피가 너무 단단하여 우리 인간은 먹어
도 소화가 불가능하다고 한다. 그러나 미국이나 캐나다 같은 일
부 국가에서는 그 꽃가루의 표피를 부수는 기술을 개발하여 병
후회복 영양제로 쓰기도 한다.

3. 식물의 헌신

곤충의 매개에 의존해 수정하는 식물들은 형형색색의 크고 작은

꽃을 피우고, 이 꽃 속에 들어 있는 꽃가루와 꿀은 곤충의 먹이가 되고, 해마다 반복해 떨어뜨리는 낙엽은 지상에 유기질을 공급하여 토양을 풍요롭게 한다. 식물들은 지상에 떠다니는 온갖 유해물질을 흡수하여 정화하고 맑은 산소를 공급하여 인간을 포함한 지구상의 모든 동물을 살아갈 수 있게 해 주고 있다.

이점을 생각하면, 불교의 무연자비(無緣慈悲)라는 말씀이 생각난다. 우리들은 선행을 해도 다 인연 따라 한다. 자식이라거나 이웃이라거나 같은 동포라거나 아니면 어떤 조건에 맞는다거나 등등 말이다. 그러나 불보살 같은 성현들은 그런 모든 조건〔인연〕을 다 떠나서 무조건 자비를 베푼다고 한다. 마치 조건 없이 무진장 베풀기만 하는 식물들처럼.

이 지구상의 식물들은 무진장한 자비와 보시를 베푸는데도 우리 인간들은 까마득하게 모르고 산다. 우리가 조금만 자연생태계에 관심을 기울이면 식물들의 은혜를 알 수 있다. 자연 중에서 공기, 물, 식물들의 은혜를 모르고는 자연보호가 제대로 될 수 없다. 이 절체절명의 은혜를 우리는 까맣게 모르고 산다. 특히 모든 식물들은 부처님 말씀의 핵심인 자비와 보시를 무진장 행하고 있음을 알아야 하리라.

4. 감사하며 산다

해발 2천 미터 이상의 고산지대에 자라는 식물의 기구한 삶, 거기서 우리 인간들은 배울 점이 많다. 처음에는 식물학도로서 흥미를 느꼈지만 식물을 알수록 교훈을 느낀다.

고산은 거의 매일 초속 10미터 이상의 바람이 불고, 연중 거의 운무에 싸여 있으며, 비가 너무 내리거나 내리지 않아 토양이 몹시 척박하다. 뿐만 아니라 연중 9개월은 영하의 온도로 땅은 꽁꽁 얼어붙는다. 비록 인간 같은 느낌이 없는 식물이라고 하지만 이런 곳에서 뿌리를 박고 살아가야 하는 일생은 얼마나 처절할까?

고산식물의 특징은 대개 키가 아주 작으며, 또 키에 비해 꽃은 매우 크다. 꽃 색깔은 짙고 화려하다. 키가 작은 이유는 비바람의 피해를 줄이기 위함이고, 꽃이 크고 화려한 것은 땅이 녹아 식물이 활동할 수 있는 기간이 6월 중순부터 8월 중순까지 불과 2개월여 밖에 안 되기 때문이다. 그 짧은 기간에 짙고 화려한 꽃을 피워서 매개곤충을 유인해야 한다.

우리들은 이런 식물들을 고산식물이라 하며 정원에 심어 가꾸어 보려 하지만 대부분의 고산식물들은 잘 적응하지 못하고 죽는다. 악조건의 고산에서 살아가도록 인연이 맺어진 식물을 조건이 좋은, 정원에서 가꾸려 하니 살 리가 없다.

굳이 그것을 설명하자면 고산지역은 늘 운무에 싸여 있어 공중 습도가 높고 여름철 기온은 20℃ 이상 올라가지 않기 때문에 낮은 지역의 건조한 공중습도와 여름철 고온을 견디지 못하기 때문이다.

5. 서로 협동한다

식물과 동물간의 인연은 앞서 꽃가루 이야기처럼 식물이 일방적으로 베푸는 것이 주류이지만 주고받는 인연도 있다. 누구나 잘 아는 것처럼 식물은 꽃가루와 꿀을 곤충에게 먹이로 주고 곤충은 식물의 수정을 도와준다. 이 경우에도 아주 특이한 점이 있다. 꿀을 찾아 헤매는 곤충의 노고를 덜어주기 위하여 식물은 꽃이 피어 있는 동안 자기 자신을 바꾸어 변신하는 경우다.

개다래, 쥐다래, 삼백초 등의 식물은 꽃이 피어 있는 동안 꽃 주변 잎의 색깔을 바꾼다. 개다래, 삼백초는 순백색으로, 쥐다래는 자주색으로 변신하여 굶주린 곤충의 먹이활동을 도와준다. 또 산딸기나무처럼 작은 꽃을 가진 나무는 포엽을 크게 자라게 하

여 꽃처럼 보이게 하는가 하면, 산수국처럼 작은 꽃 주변에 꽃과 비슷한 무성화를 짙은 보라색으로 장식하여 곤충의 먹이활동을 도와주기도 한다.

또 근친교배가 되는 것을 피하기 위하여 곤충과 인연을 맺은 식물이 있는데 매자나무과 식물 중 삼지구엽초〔음양곽〕, 깽깽이풀 등이 이런 부류에 속한다. 이 식물들은 종자에 감미로운 당분이 포함된 밀선을 만들어 개미를 유인한다. 개미들은 종자를 유충에게 먹이기 위하여 열심히 개미굴로 운반한다. 개미유충은 종자의 당분을 먹고 자라고 다음 해 개미굴에 흩어져 있는 종자들은 모본과 멀리 떨어진 곳에서 무성하게 번성한다. 인간이 즐겨먹는 과일처럼 형형색색 먹음직하게 모양을 이뤄 동물이 손쉽게 먹이를 찾도록 도와준다.

6. 진정한 웰빙

요즘 세간에서 '에코' 나 '웰빙' 이라는 말이 유행하고 있다. 하지만 이것들이 '먹기 좋고 보기 좋은' 미사여구여서는 안 된다. 진정 자연의 상호협동〔인연〕 안에서 얻어지는 것인지 깊이 살펴봐야 할 일이다.

그렇지만 자연생태계의 연기〔인연〕법을 마구 훼손

하고 파괴하는 것이 바로 우리 인간들이다. 나는 부처님께서 '살생하지 말라', '소식(小食)하라'고 말씀한 것은 우리 인간이 자연생태계의 모든 인연활동을 파괴하는 것을 경계하신 때문이라고 믿고 싶다.

쉬운 예를 하나 생각해 보자. 우리 인간이 보신으로 먹기 위해 산마다 그물을 쳐서 뱀을 잡아 거의 씨를 말렸다. 그 결과 뱀이 들쥐를 먹고 살게 맺어진 생태계의 균형이 깨져 들쥐가 너무 번성한 결과 들쥐들이 전염시키는 유행성출혈열로 많은 사람들이 해마다 죽어간다. 자기 몸을 위해 온갖 살생을 저질러 생태계의 균형을 마구 파괴한 업보가 인간에게 되돌아와 피할 수 없는 재앙이 되었다.

식물을 연결고리로 하는 자연생태의 인연을 예로 들어 보자. 자기 집 마당에 풀과 나무를 심고 열심히 가꾸면 풀이 점점 자라 땅속에는 굼벵이도 자라고 지렁이도 살게 된다. 또 지렁이, 굼벵이를 먹이로 하는 땅강아지나 두더쥐도 저절로 생겨난다.

풀잎과 나뭇잎을 갉아먹는 벌레가 생겨나고 그 벌레가 성충이 되면 곤충이 된다. 풀과 나무에 열매가 맺히면 이를 먹기 위하여 새도 오고 다람쥐도 오며, 다람쥐를 잡기 위해 족제비도 온다. 풀을 먹는 초식동물을 육식동물이 잡아먹는다. 이러한 지구의 자연생태계의 모든 인연은 인간이 손을 대지 않는 한 주어진 임무에 따라 지구를 평화롭고 풍만하게 만들어 갈 것이다.

7. 인간의 이성으로

20세기에 들어와서 인간은 급속도로 자연생태계의 연기법칙을 무자비하게 파괴했다. 그로 말미암은 생물종의 멸종은 곧 인류의 커다란 재앙이 될 것이란 생각을 하게 되었다. 때늦은 이성의 판단에 의해 생물종의 멸종으로 인한 인류의 재앙을 막기 위한 노력이 결실을 맺었다. 바로 유명한 리오협약〔생물종다양성협약〕이다. 우리나라도 1990년 초에 가입했다.

자연생태계는 잘 균형 잡힌 연기법칙이 항상 숨쉬고 있다. 따로 농약을 주지 않아도 천적이 함께 공존하여 병충해가 생겨도 일부분에서 곧 끝난다. 그렇기 때문에 식물 전체적으로는 잘 유지되고 있다. 그 증거가 바로 우리 한택식물원이다. 우리 한택식물원은 농약을 주지 않는다. 8,000여 종의 식물이 서로 어울려 있기 때문에 비록 병충해가 발생해도 일부지역에서만 생겼다가 그친다. 병균이나 벌레가 먹을 만큼 먹고 나면 그 식물은 다시 살아난다. 식물의 병충해 발생도 따지고 보면 식물과 미생물, 식물과 동물간의 인연에서 비롯된다.

보다 이해를 돕기 위해 호랑나비 종류들과 식물에 얽힌 악연(?)에 대해 알아보겠다. 호랑나비는 산에 흔히 자라고 있는 산초나무에 알을 낳고, 부화되면 애벌레가 산초나무 잎을 갉아먹고 자란다. 애벌레는 번데기를 거쳐 호랑나비가 된다. 따라서 산초나무가 없어지면 호랑나비는 바로 멸종된다.

산호랑나비는 백선이라는 식물에 알을 낳는다. 맹충이처럼 흉칙한 애벌레는 백선의 꽃과 열매들을 먹고 자라나는데 이 애벌레가 자라는 1m 부근에 다른 백선이 자라고 있어도 백선과 백선 사이에 다른 식물이 자라고 있으면 그 애벌레는 사이의 식물이 천적인 경우 자기가 부화된 장소에서 이동을 못한다.

애호랑나비는 족도리 풀에 알을 낳고 애벌레는 족도리 풀만 먹고 자란다. 우리 식물원에도 족도리 풀을 재배하는데, 벌레〔애호랑나비 애벌레〕가 마구 갉아먹어 보기에 안쓰러워 잡아줄까 하다가 저것이 성충이 되면 애호랑나비가 된다는 생각에 그냥 지나쳤다. 나중에 다시 살펴보니 잎이 다 없어졌던 족도리 풀은 약해졌지만 다시 살아났다.

또 모시호랑나비 애벌레는 기린초 잎만 먹고 자란다. 이렇듯 생물의 종이 다양해지려면 먼저 식물의 종이 다양해져야 한다.

8. 진정한 자연보호

인간이 자연생태계의 인연법칙에 간섭한 결과 많은 문제들이 생겨나고 있다. 목재 수요가 늘어나면서 목재를 수입하다 솔잎혹파리가 붙어와서 솔잎혹파리에 대한 천적이 없는 우리나라 생태계는 엄청난 피해가 발생했다. 또 요즘 소나무 제선충이 외국에서 묻어 들어와 우리나라 소나무에 큰 피해를 주기 시작했다고 한다.

또 늑대나 호랑이, 살쾡이 같은 육식동물이 사라진 한라산에 고라니를 풀어놓았는데 이 고라니가 지나치게 불어나서 한라산의 희귀식물이 멸종위기에 처하게 된 것도 모두 인간이 만들어낸 하나의 작은 재앙이라고 할 수 있다.

자연과 인간이 어떻게 조화로울 수 있는지 우리는 항상 고민해야 할 것이다. 무조건의 자비로움으로 무한정 동물에 베푸는 식물의 보시와 절묘한 자연생태계의 연기는 특히 우리 불자들이 늘 염두에 두고 깊이 유념해야 할 대목이라는 생각이 간절하다. 나는 오늘도 어김없이 수많은 식물부처님들에게 배운다.

2006년 5월
한택식물원 우거에서

抄譯者 金河堂 光德大禪師 행장

금하당 광덕대선사(金河堂光德大禪師, 1927-1999)는 멀리 고려 말 혼란기로부터 비롯된 불교정법 상실과 근세 조선대 500여 년 동안 억불정책의 핍박으로 인한 굴절과 왜곡, 일제 강점기의 왜색화된 불교까지, 모든 오류를 부처님 정법으로 바로 세워 한국불교의 정통성을 회복하기 위해 새물줄기 운동을 일으켰다. 그것은 한국불교를 중흥하는 일뿐만 아니라 민족문화를 확립하기 위한 전 불교도적이며 거족적인 자각운동으로 반야바라밀다를 숭신, 실천하는 대한민국시대의 결사운동이었다. 대선사는 이 운동을 위해 위법망구(爲法忘軀)의 대의를 펼친 현대 한국불교의 반야사상 실천가였다.

이러한 대선사는 1927년 4월 4일 경기도 화성에서 출생, 24세가 된 1950년 가을 지병인 폐결핵 요양 차 부산 범어사로 입산했다. 그로부터 사람의 한계를 넘나드는 위법망구(爲法忘軀)의 고행정진을 통해 마침내 불법을 오득체달(悟得體達, 1954년 부산 동래 금정사)한 뒤, 그로부터 수년 동안 보임(保任 : 온전하게 간직하여 잃어버리지 않음. 保護任持의 준말)하였다. 이 기간에 지병이었던 폐결핵도 저절로 완치되었다. 그 당시만 해도 폐결핵은 죽음에 이르는 무서운 병으로 누구나 두려워했다. 그럼에도 특별한 치료 없이 오직 수행정진만으로 병을 이겼다는 것은 불법의 오득과 보임을 통해 부처님의 크나큰 가호와 인도하심의 은혜를 입었음을 말해주고 있다고 할 것이다.

그 후 대선사는 입산한 지 만 10년만인 1960년 4월에 드디어 동산대종사(東山大宗師)로부터 계를 받았다. 이는 마치 중국 당대 선종(禪宗)의 육조(六祖)인 혜능조사께서 이미 행자시절에 불법의 참 공부를 이루고 수계 후에는 반야바라밀다 법문을 시작으로 줄곧 교화의 길을 걸었던 일과 같다고나 할까. 대선사도 수계 후, 오로지 통합종단인 조계종의 건설과 발전, 동국대학교 건학이념의 구현을 통한 학문발전을 위해 일찍이 그 유례가 없을 만큼 지극한 보살행으로 구종구교(救宗救校)에 온 힘을 기울여 매진했다.

대선사는 한국불교의 두 가지 큰 일의 토대를 마련해 놓은 뒤 거기서도 머무르지 않고 마침내 1974년 9월 '불광회(佛光會)'를 창립하여 동년 11월 월간 '불광'을 창간하여 문서를 매체로 한 반야바라밀다 사상운동을 시작했다. 이어서 다음 해인 1975년 10월 독립운동의 불교계 본거지인 서울 종로구 봉익동 소재 대각사에서 문서포교를 바탕으로 하여 '불광법회'를 창립, 그야말로 본격적인 반야바라밀다결사 불광운동의 시작을 내외에 다시 천명했다.

대선사의 이 새로운 불교운동은, 교단 내적으로는 고려 말 혼란기의 정법상실과 조선시대 500여 년 동안의 억불정책, 일제강점기의 왜색화로 인한 불교의 심각한 훼손을 복구하여 부처님 본래의 가르침을 되찾는 일이었고 외적으로는 민족의 정신문화를 바로 세우는 일대 장거였다.

그것은 오랫동안 본분의 상실, 굴절과 왜곡, 오인과 강제로 인해 불교가 잘못 인식되어 전해지던 한국불교의 신세타령·업타령·한숨타령의 소극적이며 부정적이고 퇴폐적인 어두운 분위기를 불교 본래의 지혜광명·자비광명의 밝음으로 되돌려 오직 부처님의 참 뜻을 되살리는 데 뜻을 둔 것이다.

대선사는 반야바라밀다의 숭신과 역행, 반야교설에 의한 혁신적인 설법, 획기적인 정법호지(正法護持)의 호법신앙, 불자들의 신앙을 키울 수 있는 새로운 수행공동체〔법등〕의 결성 등을 통해 수백 년 동안 불교계에 드리워진 어둑한 그늘과 패배적인 오류의 어둠을 일거에 걷어내어 모든 무지를 일소하여 일로 정법(正法)을 현창하는 길로 나갔다.

그러기 위해 우선 불교의식(佛敎儀式)의 한글화, 20여 종에 이르는 경전의 국역과 저술활동, 밝고 적극적인 부처님의 가르침을 담은 찬불가 보급 등을 통해 재가불자들 스스로가 주체적이며 적극적인 수행을 하도록 이끌었다. 그것은 모든 불자들의 자발적인 수행을 바탕으로 하여 한국불교를 부처님 본 뜻으로 되돌리려는 중흥불사였다.

반야바라밀다 사상운동으로 평생을 일관한 대선사는 안으로는 한국불교 미래의 나아갈 길을 열었으며, 또한 후학들에게는 만세의 전범과 사

표가 되었고, 밖으로는 한국의 정신문화가 뻗어나가야 할 지표를 제시
했으며, 또한 인류의 평화와 번영의 새로운 희망의 등불이 되었다. 이는
바로 대선사가 부처님의 대비구세를 구국구세로 구체화한 위법망구(爲
法忘軀)의 보살행을 펼친 현대 한국불교의 사상가였음을 말해 주는 단적
인 증거라고 할 것이다.

여러 어려운 여건 속에서도 조금도 물러서지 않고 일평생 저 보현대사
의 교화를 내보인 대선사는 1999년 2월 27일 오후 2시 무렵 법랍 48세,
세수 73세로 서울 불광사 법주실에서 사바의 연을 조용히 거두시고 대
원적의 무상적멸에 들었다.

編者　松麓堂　至元　약력

松麓堂　至元 화상은 대선사의 문인(門人)으로 현재 경기도 안성 도피안
사의 주지 소임을 보며 스승의 가르침을 공부하고 있다. 스승의 '새불
교 운동'에 대한 규범을 반야바라밀다결사로 체계화하여 홈페이지에
올렸으며, 특히 대선사의 행화를 집록한 '광덕스님시봉일기'(전10권 중 7
권 발매)을 8년째 편찬하고 있다. (홈페이지-http://dopiansa.or.kr)